O CORAÇÃO QUE CHORA E QUE RI

O CORAÇÃO QUE CHORA E QUE RI

TRADUÇÃO
HELOISA MOREIRA

MARYSE CONDÉ

CONTOS VERDADEIROS DA MINHA INFÂNCIA

BAZAR DO TEMPO

Título original: *Le coeur à rire et à pleurer: contes vrais de mon enfance*

Este livro foi revisado segundo o Acordo Ortográfico da Língua Portuguesa de 1990, em vigor no Brasil desde 2009.

EDIÇÃO
Ana Cecilia Impellizieri Martins

COORDENAÇÃO EDITORIAL
Meira Santana

TRADUÇÃO
Heloisa Moreira

COPIDESQUE
Leny Cordeiro

REVISÃO
Elisabeth Lissovsky

DIAGRAMAÇÃO
Cumbuca Studio

CAPA E PROJETO GRÁFICO
LeTrastevere

IMAGEM DE CAPA
Beirando o mar, 2020
Ilustração digital
Tassila Custodes

CIP-BRASIL. CATALOGAÇÃO NA PUBLICAÇÃO
SINDICATO NACIONAL DOS EDITORES DE LIVROS, RJ

C75c
Condé, Maryse, 1937-
O coração que chora e que ri : contos verdadeiros da minha infância / Maryse Condé; tradução Heloisa Moreira. - 1. ed. - Rio de Janeiro : Bazar do Tempo, 2022.
184 p. ; 21 cm.

Tradução de: Le coeur à rire et à pleurer: contes vrais de mon enfance
ISBN 978-65-84515-27-7

1. Condé, Maryse - Infância e juventude. 2. Autores, Guadalupe - Biografia. I. Moreira, Heloisa. II. Título.

22-81253 CDD: 928.78925
CDU: 929:821(722.1)

Gabriela Faray Ferreira Lopes - Bibliotecária - CRB-7/6643

BAZAR DO TEMPO
PRODUÇÕES E EMPREENDIMENTOS CULTURAIS LTDA.

Rua General Dionísio, 53 - Humaitá
22271-050 Rio de Janeiro - RJ
contato@bazardotempo.com.br
www.bazardotempo.com.br

À MINHA MÃE

O que a inteligência nos apresenta
sob o nome de passado não é de fato o passado.
Marcel Proust, *Contre Sainte-Beuve.*

SUMÁRIO

RETR

DE FA

ATO
ÍLIA

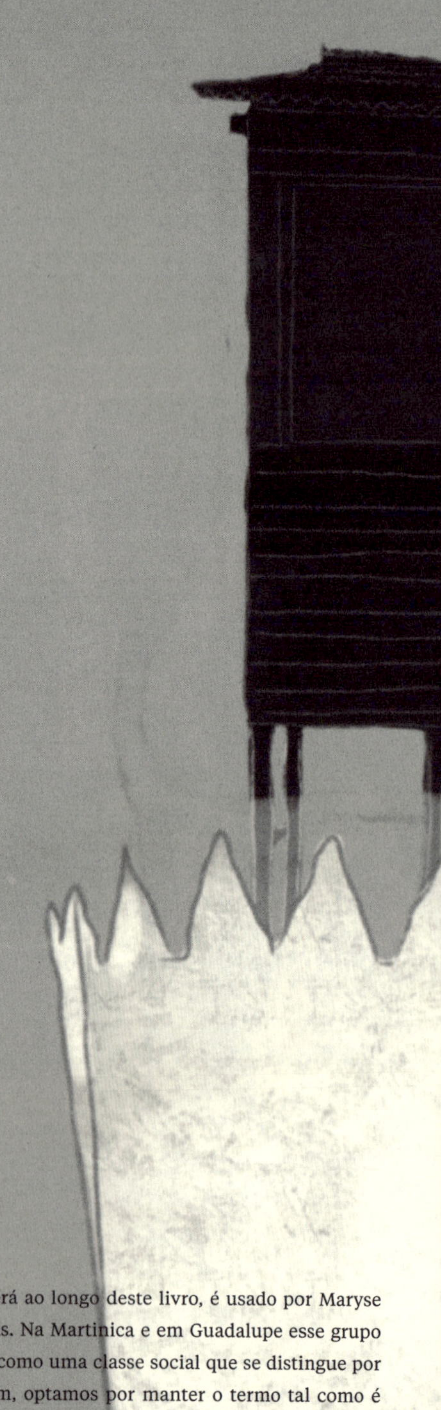

* O termo "mulato/mulata", como se verá ao longo deste livro, é usado por Maryse Condé para se referir a pessoas mestiças. Na Martinica e em Guadalupe esse grupo de pessoas mestiças é visto por muitos como uma classe social que se distingue por alguns hábitos e posturas sociais. Assim, optamos por manter o termo tal como é usado no original (*mulâtres/mulâtresse*). (N.T.)

SE ALGUÉM tivesse perguntado a meus pais a opinião deles sobre a Segunda Guerra Mundial, eles teriam respondido sem hesitar que foi o período mais sombrio que já viveram. Não por causa da França partida ao meio, dos campos de Drancy ou de Auschwitz, do extermínio de seis milhões de judeus, nem de todos esses crimes contra a humanidade ainda não totalmente expiados, mas porque, durante sete intermináveis anos, foram privados daquilo que mais importava para eles: suas viagens à França. Como meu pai era funcionário público aposentado e minha mãe ainda estava na ativa, eles se beneficiavam regularmente de uma licença "na metrópole" com os filhos. Para eles, a França não era de forma alguma a sede do poder colonial. Era na verdade a mãe pátria e Paris, a Cidade Luz que sozinha dava brilho à existência deles. Minha mãe enchia nossas cabeças com descrições das maravilhas do Carreau du Temple e do Marché Saint-Pierre e, de brinde, da Sainte-Chapelle e de Versalhes. Meu pai preferia o museu do Louvre e a casa de espetáculos La Cigale, aonde ia quando jovem bater perna. Assim, desde meados de 1946, eles retomaram com muito prazer o navio que devia levá-los ao porto de Havre, primeira escala do caminho de retorno ao país de adoção.

Eu era a caçulinha. Uma das histórias míticas da família dizia respeito ao meu nascimento. Meu pai estava com 63 anos. Minha mãe tinha acabado de completar 43. Como sua menstruação não veio, ela imaginou que seriam os primeiros sinais da menopausa e correu ao seu ginecologista, dr. Mélas, que havia feito seus sete primeiros partos. Depois de examiná-la, ele soltou uma gargalhada.

— Fiquei com tanta vergonha — contava minha mãe às amigas — que durante os primeiros meses de gravidez era como se eu fosse mãe solteira. Eu tentava esconder minha barriga.

Mesmo que ela acrescentasse, cobrindo-me de beijos, que sua *kras à boyo*[1] tinha se tornado sua referência afetiva na velhice, cada vez que eu ouvia essa história, sentia a mesma tristeza: eu não tinha sido desejada.

Hoje, posso imaginar o espetáculo pouco frequente que oferecíamos, sentados nos cafés ao ar livre do Quartier Latin, na Paris morosa do pós-guerra. Meu pai, um senhor sedutor de porte avantajado, minha mãe coberta de suntuosas joias crioulas, seus oito filhos, minhas irmãs com o olhar baixo, arrumadas como relíquias, meus irmãos adolescentes, um deles já no primeiro ano da faculdade de medicina, e eu, menina excessivamente mimada, com a mente precoce para a idade. Com as bandejas equilibradas nos quadris, os garçons rodopiavam em torno de nós cheios de admiração, como um punhado de moscas no mel. Invariavelmente deixavam escapar, servindo limonada com menta:

— Como vocês falam bem francês!

Meus pais recebiam o elogio sem protestar nem sorrir e se limitavam a um aceno de cabeça. Assim que os garçons viravam as costas, eles dividiam conosco:

— E, no entanto, somos tão franceses quanto eles — suspirava meu pai.

— Mais franceses — reforçava minha mãe com veemência. Ela acrescentava à guisa de explicação: nós somos mais instruídos.

---

1 Expressão em crioulo que significa caçula temporã, "raspa de tacho". (N.A.)

Temos melhores modos. Lemos mais. Alguns deles nunca saíram de Paris, enquanto nós conhecemos o Monte Saint-Michel, a Riviera Francesa e a Costa Basca.

Havia nessa interação algo de patético que, mesmo pequena como eu era, me constrangia. Eles se queixavam de uma grave injustiça. De repente, os papéis se invertiam. Aqueles que recebiam gorjeta de colete preto e avental branco se erguiam acima de seus generosos clientes. Eles possuíam com muita naturalidade aquela identidade francesa que, apesar de sua boa aparência, era negada, recusada a meus pais. E eu não entendia os motivos pelos quais essas pessoas orgulhosas, satisfeitas consigo mesmas, notáveis em seu próprio país, rivalizavam com os garçons que as serviam.

Um dia, decidi tirar a dúvida. Sempre que tinha um problema, eu procurava meu irmão Alexandre, que havia se rebatizado como Sandrino "para parecer mais americano". Primeiro da classe, os bolsos repletos de bilhetes carinhosos de suas colegas, Sandrino era como um sol na minha vida. Bom irmão, ele me tratava com uma afeição protetora. Mas eu não me conformava em ser apenas sua irmãzinha. Era esquecida assim que uma cinturinha fina passasse por perto ou que um jogo de futebol começasse. Será que ele entendia alguma coisa do comportamento de nossos pais? Por que invejavam tanto pessoas, que segundo eles mesmos, não chegavam aos seus pés?

Nós morávamos em um apartamento no térreo, em uma rua tranquila do Sétimo Arrondissement. Não era como em La Pointe, onde ficávamos presos, trancados em casa. Nossos pais nos autorizavam a sair o quanto quiséssemos e mesmo a conviver com outras crianças. Naquela época, essa liberdade me surpreendia. Mais tarde, entendi que, na França, nossos pais não tinham medo de que começássemos a falar crioulo ou que pegássemos gosto por *gwoka*[2]

---

2 Tambores e gênero musical típicos de Guadalupe. (N.A.)

como os *petits-nègres*[3] de La Pointe. Eu me lembro que naquele dia tínhamos brincado de Gato Mia com os loirinhos do primeiro andar e dividido um lanche de frutas secas, porque em Paris ainda havia escassez. Naquela hora, o céu começava a se transformar em peneira estrelada. Nós nos apressávamos para voltar para casa antes que uma de minhas irmãs pusesse a cabeça na janela e chamasse:

— Crianças! O papai e a mamãe falaram para entrar.

Para me responder, Sandrino se apoiou contra uma grande porta pela qual também passavam carros. Sua figura jovial, ainda marcada por bochechas redondas da infância, se cobriu de uma máscara sombria. Sua voz ficou densa:

— Deixa para lá — soltou. — Papai e mamãe são dois alienados.

Alienados? O que aquilo queria dizer? Não ousei perguntar. Não era a primeira vez que eu ouvia Sandrino fazer críticas aos meus pais. Minha mãe tinha pregado acima de sua cama uma foto recortada da revista *Ebony*. Podíamos admirar uma família negra americana de oito filhos como a nossa. Todos médicos, advogados, engenheiros, arquitetos. Ou seja, a glória de seus pais. Essa foto era motivo para as piores provocações de Sandrino, que, ignorando que morreria logo após ter começado a viver, jurava que se tornaria um escritor famoso. Ele escondia de mim as primeiras páginas de seu romance, mas costumava recitar seus poemas, o que me deixava perplexa, já que, segundo ele, a poesia não era para ser compreendida. Eu passava a noite seguinte virando e revirando na cama, correndo o risco de acordar minha irmã Thérèse, que dormia acima de minha cabeça. É que eu adorava meu pai e minha mãe. É verdade, seus cabelos grisalhos, as rugas em seus rostos não me agradavam. Eu teria preferido que eles fossem dois jovens. Ah! Que pensassem que minha mãe era minha irmã mais velha como acontecia com a minha grande amiga Yvelise quando sua mãe a acompanhava à catequese. É verdade, eu ficava aflita quando meu

---

3 Os pobres. (N.A.)

pai empolava suas falas com frases em latim que podíamos encontrar, descobri mais tarde, no dicionário *Petit Larousse* ilustrado. *Verba volent. Scripta manent. Carpe diem. Pater familias. Deus ex machina.* Eu sofria, sobretudo, por causa das meias de seda dois tons mais claros que seu tom de pele escuro que mamãe usava no calor. Mas eu via a ternura no fundo de seus corações e sabia que não se cansavam de nos preparar para aquilo que acreditavam ser a mais bela das existências.

Ao mesmo tempo, eu tinha meu irmão em alta conta para duvidar de seu julgamento. Por sua postura, pelo tom de sua voz, eu sentia que "alienados", essa palavra misteriosa, designava uma espécie de doença vergonhosa como a blenorragia, talvez até mortal como a febre tifoide que ano passado tinha levado muitas pessoas de La Pointe. À meia-noite, tentando estabelecer relação entre todos os indícios, eu acabei por compor algo próximo a uma teoria. Uma pessoa alienada é uma pessoa que quer ser o que não pode ser porque ela não gosta de ser o que é. Às duas horas, quando fui dormir, fiz um juramento confuso de nunca me tornar uma alienada.

Consequentemente, acordei outra garotinha. De criança-modelo, tornei-me respondona e faladeira. Como eu não sabia muito bem o que procurava, era suficiente questionar tudo o que meus pais propunham. Uma ida à Ópera para escutar os trompetes de *Aída* ou os sinos de *Lakmé*. Uma visita ao museu Orangerie para admirar as ninfeias. Ou simplesmente um vestido, um par de sapatos, lacinhos para os meus cabelos. Minha mãe, que não primava pela paciência, não se dava por vencida. Vinte vezes ao dia, ela exclamava:

— Meu Deus! O que será que aconteceu no corpo dessa criança?

Uma foto tirada no fim dessa estada na França nos mostra no jardim de Luxemburgo. Meus irmãos e irmãs em fila indiana. Meu pai, bigodudo, vestindo um sobretudo com gola de pele. Minha mãe sorrindo com seus dentes muito brancos, seus olhos amendoados sob seu chapeuzinho de pele cinza. Entre suas pernas, eu, magricela, enfeada pela expressão de descontentamento exagerada que cultivei até o final da adolescência, até que o destino que costuma atingir duramente as crianças ingratas fizesse de mim uma órfã aos vinte anos.

Desde então, tive todo o tempo necessário para compreender o sentido da palavra "alienado" e, sobretudo, para me perguntar se Sandrino tinha razão. Meus pais eram mesmo alienados? Com certeza, eles não tinham nenhum orgulho de sua herança africana. Eles a ignoravam. É um fato. Durante essas estadas na França, meu pai nunca tomou o caminho da Rue des Écoles onde a revista *Présence Africaine* saía da cabeça de Alioune Diop.[4] Como minha mãe, ele estava convencido de que somente a cultura ocidental deveria existir, e demonstrava reconhecimento em relação à França, que lhes tinha permitido obtê-la. Ao mesmo tempo, nem um nem outro tinha o menor sentimento de inferioridade por causa da cor. Eles se achavam os mais brilhantes, os mais inteligentes, a prova dos nove do desenvolvimento de sua Raça de Grandes Negros.

Isso é ser "alienado"?

---

4 Alioune Diop (1910-80), político e editor senegalês, fundador da revista *Présence Africaine*. (N.T.)

MEU
NASC

MENTO

INDIFERENTE, como era seu jeito, meu pai não tinha preferências. Minha mãe queria uma filha. A família já tinha três meninas e quatro meninos. Assim empataria o time. Passada a vergonha de ter sido apanhada, em sua idade respeitável, em flagrante delito da carne, minha mãe sentia uma grande alegria por seu estado. Orgulho mesmo. A árvore do seu corpo não estava murcha, seca. Ela ainda podia dar frutos. Diante do espelho, ela olhava radiante sua barriga crescer, seus seios saltarem, delicados como um par de pombos. Todo mundo elogiava sua beleza. Uma nova juventude ativava seu sangue, iluminava sua pele e seus olhos. Suas rugas suavizaram magicamente. Seus cabelos cresciam, cresciam, em tufos como uma floresta, e ela fazia seu coque cantarolando, algo raro, uma velha canção crioula que tinha ouvido sua mãe, morta cinco anos antes, cantar:

Sura an blan,
Ka sanmb on pijon blan.
Sura an gri,
Ka sanmb on toutewel.[1]

---

1 *Sura branco,/ Que parece um pombo branco./ Sura cinza,/Que parece uma andorinha.* (N.A.)

No entanto, seu estado logo se transformou em uma gravidez difícil. Quando os enjoos cessaram, os vômitos os substituíram. Na sequência, vieram as noites de insônia. Depois, as câimbras. Pinçadas torturavam suas panturrilhas de tal forma que ela queria cortá-las fora. A partir do quarto mês, ela ficou esgotada, pingava de suor ao menor movimento. Segurando sua sombrinha com um pulso sem força, ela empurrava seu corpo no calor tórrido da Quaresma até Dubouchage, onde se obstinava em dar aulas. Naquela época, não havia essas escandalosas licenças-maternidade; quatro semanas antes do parto, seis semanas depois; ou vice-versa. As mulheres trabalhavam até a véspera do parto. Quando chegava à escola, esgotada, ela desabava com todo seu peso na poltrona da sala da diretora, Marie Célanie. No íntimo, esta imaginava que, tendo vivido quarenta anos com um marido já cansado, não se fazia mais amor. Isso era bom para os jovens. No entanto, ela não manifestava esses seus pensamentos pouco caridosos. Enxugava o suor da testa da amiga e lhe dava álcool de menta diluído em água gelada para beber. Com a acidez da mistura, minha mãe recuperava sua respiração e pegava o rumo de sua classe. À sua espera, as alunas, que tinham medo dela, nem aproveitavam para fazer bagunça. De cabeças baixas, elas se dedicavam, como se nada estivesse acontecendo, às páginas do caderno. Por sorte, como repouso, mais que o domingo com sua longa missa agora vivida como um sacrifício, havia a quinta-feira. Nesse dia, meus irmãos mais velhos eram intimados a ficar invisíveis. Minha mãe permanecia na cama, uma montanha de carne sob os lençóis de tecido bordado, na penumbra de seu quarto, porque todas as persianas permaneciam fechadas. O ventilador roncava. Por volta das dez horas, Gitane, que fazia a faxina, tinha terminado de passear seu espanador pelos móveis, de bater os tapetes e de beber sua enésima xícara de *kiololo*.[2] Subia, então, jarras de água quente e ajudava minha mãe em seu toalete. Esta, sentava-se em sua banheira de zinco, sua barriga pontuda

---

2 Café fraco. (N.T.)

coroada por um umbigo ancestral despontando diante dela, enquanto a empregada esfregava suas costas com uma bucha. Em seguida, Gitane a enxugava com uma toalha de banho, passava talco, deixando-a tão branca quanto um peixe prestes a ser frito, e a ajudava a vestir uma camisola de algodão rendada. Depois disso, minha mãe se deitava de novo e cochilava até a chegada de meu pai. Apesar de a cozinheira preparar vários pratos: peito de frango, *vol-au-vent* de molusco, folheado de polvo, *ouassous*[3] com molho, minha mãe, que era cheia de vontades, rejeitava as bandejas contrariada:

— Eu quero *acras pisquettes*![4]

Sem desanimar, a cozinheira corria novamente para trás de seu *potager*,[5] enquanto meu pai, impaciente, julgando que sua mulher exagerava, mas sem querer irritá-la, mergulhava na leitura do jornal *Nouvelliste*. Era com um sentimento de libertação que lá pelas duas horas da tarde, depois de um beijo rápido na testa úmida, ele deixava o quarto de dormir que cheirava a flor de laranjeira e assa-fétida e ficava ao sol. Que sorte poder ficar protegido de todas essas coisas desagradáveis! Menstruação, gravidez, partos, menopausas! Em sua satisfação de ser homem, ele enchia o peito ao atravessar a Place de la Victoire. As pessoas o reconheciam e o tomavam por aquilo que de fato era: um vaidoso. Aquela foi uma época na qual, sem fazer nada condenável, meu pai se reaproximou de amigos que havia menosprezado pelo fato de minha mãe desaprová-los. Retomou o gosto pelos torneios de baralho ou de dominó, considerados por ela banais, e fumava sem parar charutos Montecristo.

Por volta do sétimo mês, as pernas de minha mãe começaram a inchar. Uma manhã, ela acordou com dois troncos estriados por

---

3 Nome dado aos grandes camarões de Guadalupe. (N.T.)

4 Bolinhos de peixe. (N.T.)

5 Fogão à lenha. (N.A.)

uma rede de veias dilatadas, de forma que ela mal podia se mexer. Era o sinal grave de que ela estava produzindo albumina. Por esse motivo, o dr. Mélas lhe prescreveu repouso absoluto, acabaram as aulas na escola, e uma dieta bem restrita, nem mais um grão de sal. Dali para a frente, minha mãe se alimentaria de frutas. Sapotis. Bananas. Uvas. Maçãs francesas, sobretudo, redondas e vermelhas como as bochechas do bebê Cadum.[6] Meu pai as encomendava aos caixotes com um amigo, comerciante no cais. A cozinheira as preparava em compota, no forno com canela e açúcar mascavo, empanadas e fritas. O cheiro dessas frutas que amadureciam rapidamente se infiltrava, persistente, do térreo até os quartos de dormir no segundo andar e virava o estômago de meus irmãos e irmãs.

Toda tarde, por volta das cinco, as boas amigas de minha mãe sentavam-se em torno de sua cama. Como meu pai, elas achavam que ela exagerava. Também fingiam que não ouviam quando minha mãe começava a gemer e lhe contavam as novidades de La Pointe: batizados, casamentos, mortes. Acredita que a loja de materiais de construção Pravel queimou como um fósforo? Dos escombros, retiraram os corpos carbonizados de cinco operários e M. Pravel, aquele *blanc-pays*,[7] um desalmado, todos eles são assim, não estava nem aí. Falaram em greve. Minha mãe, que em tempos normais não se preocupava com problemas sociais, naquela época se interessava menos ainda. Ela se voltava para si: eu havia me mexido dentro de sua barriga. Tinha lhe dado meu primeiro pontapé. Excelente! Se, Deus me livre, eu fosse um menino, seria um jogador de futebol de primeira.

O período de gestação finalmente acabou. Ela estava tão grande que não cabia mais em sua banheira e passava o tempo todo na cama ou na cadeira de balanço. Havia preparado três cestas

---

6 A marca de sabonetes Cadum tinha em suas embalagens e publicidades a imagem de um bebê bochechudo e saudável. (N.T.)

7 Em crioulo, "blancs-péyi" ou "blanc-pays" designa as pessoas brancas nascidas e criadas na ilha, descendentes dos colonizadores. (N.T.)

inteiras com os preparativos para a minha chegada e os mostrava às amigas. Numa delas, camisas em fio de linho, seda ou renda assim como sapatinhos de crochê com as linhas DMC, capinhas com capuz, gorros, babadores, tudo cor-de-rosa. Em outra, casaquinhos e fraldas de dois tipos: tecido toalha ou simplesmente algodão. Na terceira, lençóis bordados, mantas, toalhas de banho... Tinha também joias em uma linda caixinha feita em papel machê: uma pulseirinha sem nome gravado, claro, uma correntinha com um cacho de medalhas de santos, um amor de broche. Em seguida, na ponta dos pés, as visitas penetravam no que havia de mais sagrado: o cômodo destinado a mim, um antigo depósito transformado ao lado do quarto de meus pais. Minha mãe estava muito orgulhosa de uma reprodução da Anunciação, o Anjo Gabriel segurando lírios, que eu observei durante toda a infância em uma das paredes, e de um abajur em forma de templo budista que emanava uma luz rosa sobre a mesa de cabeceira.

No entanto, era Carnaval e La Pointe estava fervendo. Na verdade, havia dois carnavais. Um burguês, com moças fantasiadas e desfile de carros na Place de la Victoire e outro, popular, o único que importava. Domingo, os blocos de *mas*[8] saíam das periferias e convergiam para o coração da cidade. *Mas* de folhas, *mas* de chifres, *mas* de piche. *Moko zombi*[9] erguidos em suas pernas de pau. Os chicotes estalavam. Os apitos estouravam os tímpanos e o *gwoka* batia forte fazendo transbordar a bacia de óleo amarelo do sol. Os *mas* invadiam as ruas, inventavam mil brincadeiras, saracoteavam. A multidão se acotovelava nas calçadas para vê-los. As pessoas de bem, sortudas, se espremiam nas sacadas e lhes jogavam moedas no ar. Naqueles dias, não era possível manter Sandrino em casa. Ele desaparecia. Às vezes, as empregadas que partiam a sua procura o encontravam bêbado, as roupas maculadas de

---

8 A palavra crioula "mas" designa a máscara e também aquele que participa do desfile, mascarado ou não. (N.A.)

9 Pessoas fantasiadas sobre pernas de pau. (N.A.)

manchas que resistiam à água sanitária. Mas era raro. Em geral, ele reaparecia de madrugada e, sem um gemido, recebia as cintadas que meu pai lhe dava.

Na terça-feira de Carnaval, por volta das dez horas, as dores que ela acreditou reconhecer tomaram minha mãe: as primeiras contrações. Logo, no entanto, elas se espaçaram e a deixaram tranquila. O dr. Mélas, chamado às pressas, assegurou depois de examiná-la que nada aconteceria até o dia seguinte. Ao meio-dia, minha mãe comeu com ótimo apetite as maçãs empanadas da cozinheira, até repetiu e brindou com uma taça de vinho espumante com meu pai. Teve energia para passar um sermão edificante em Sandrino que Gitane tinha acabado de buscar, a camisa ondulando como uma bandeira, na esquina da Rue Dugommier. Em breve, o Bom Deus lhe daria de presente uma irmãzinha (ou um irmãozinho) que ele teria como missão orientar com conselhos e bons exemplos. Não era o momento de bancar o marginal. Sandrino escutava com o ceticismo que reservava a tudo que se relacionava a meus pais. Ele não queria servir de exemplo para ninguém e não tinha nada a ver com um recém-nascido. No entanto, garantiu que me amou assim que, algumas horas mais tarde, me viu tão feia e frágil em minha roupa digna de princesa.

À uma hora da tarde, pipocando de todos os cantos das periferias, os *mas* invadiram La Pointe. Quando os primeiros toques de *gwoka* fizeram tremer os pilares do céu, como se ela só esperasse esse sinal, a bolsa de minha mãe estourou. Meu pai, meus irmãos mais velhos, as funcionárias se afobaram. Não era preciso! Duas horas mais tarde, eu nasci. O dr. Mélas chegou para me pegar, toda viscosa, com suas mãos largas. Ele repetia a quem quisesse ouvir que eu deslizei com facilidade.

Gosto de pensar que meu primeiro grito de horror passou despercebido no meio da euforia da cidade. Quero acreditar que foi um sinal, sinal de que eu saberia dissimular as maiores tristezas sob uma abordagem risonha. Fiquei brava com minha irmã mais velha, Émilia, por também ter nascido no meio de estouros e fogos de artifícios do Catorze de Julho. Ela roubava do meu nascimento o que lhe dava, aos meus olhos, um aspecto único. Fui batizada com grande pompa um mês mais tarde. Segundo o costume das famílias numerosas, meu irmão René e minha irmã Émilia foram meus padrinhos.

Quando, dez vezes por dia, minha mãe me narrava, nos mínimos detalhes, os incidentes um tanto comuns que tinham precedido meu nascimento, nem o eclipse da lua ou do sol, nenhuma conjunção de astros no céu, nem terremoto na terra, nem ciclones — eu era muito pequena, sentada junto a ela em seu colo —, nada me fazia entender por que não continuei dentro de sua barriga. As cores e as luzes do mundo ao meu redor não me consolavam da opacidade na qual, durante nove meses, eu tinha circulado, cega e feliz com minhas nadadeiras de bagre. Eu tinha uma única vontade: voltar para o lugar de onde eu tinha vindo e, assim, reencontrar a felicidade que, eu sabia, não experimentaria mais.

LUT
CLA

DE
SES

EM LA POINTE, no meu tempo, não existia maternal ou jardim da infância. Assim, as escolinhas pagas proliferavam. Algumas tinham nomes pomposos: Aulas Particulares Meu Desejo. Outras, nomes engraçados, como Os Bambinos. Porém, a mais cotada, aquela para a qual as pessoas que se achavam verdadeiros burgueses enviavam seus filhos, era a escola das irmãs Rama, Valérie e Adélaïde. Ficava numa ruazinha tranquila, atrás da catedral Saint-Pierre-et-Saint-Paul, no térreo de uma casa de dois andares que dava para um pátio cheio de mangueiras que em todas as estações fazia sombra às brincadeiras dos alunos. As irmãs Rama eram duas senhoras solteiras de aparência idêntica à primeira vista. Muito negras, quase azuis. Magras, para não dizer secas. O cabelo cuidadosamente alisado, preso em um coque. Vestidas com cores escuras, não importava a estação, como se estivessem de luto por não serem esposas nem mães. Examinando-as de perto, no entanto, percebíamos que Valérie tinha um *signe de chair*[1] acima do lábio superior maior do que uma abotoadura e que Adélaïde ria mostrando os dentes espaçados e era, na verdade, menos tensa. Às

1 Uma pinta. (N.A.)

vezes, ela acrescentava uma gola de renda aos seus vestidos e frequentemente o branco de sua anágua aparecia.

Valérie e Adélaïde eram muito cultas. Aqueles que tinham acesso ao escritório que dividiam no primeiro andar admiravam as paredes inteiramente cobertas de livros encadernados em couro. Victor Hugo completo. Balzac completo. Émile Zola completo. Também admiravam, em sua moldura pesada, a figura austera do pai morto, ainda que descontraída por um suntuoso par de vasos com a imagem das bacantes. Ele tinha sido o primeiro juiz de instrução negro de Guadalupe. Minha mãe que, ignoro a razão, não gostava das irmãs Rama, lastimava com ênfase que essa bela linhagem estivesse prestes a terminar. Por que nem Valérie nem Adélaïde tinham encontrado pretendentes de seu gosto? Minha mãe gozava de tal reputação que as irmãs Rama se recusaram em um primeiro momento a aceitar-me como aluna a quem ensinariam a cantar "Frère Jacques" ou "Savez-vous planter des choux". Elas só se deixaram convencer com a condição de poder me castigar toda vez que eu merecesse. Minha mãe reclamou muito:

— Como assim castigar? Não quero que toquem na minha filha!

Mas, excepcionalmente, meu pai teve a última palavra e eu fui para a escola. Nos primeiros anos, a escola foi para mim a felicidade. Eu ainda não tinha começado a odiá-la, a considerá-la uma prisão onde somos obrigados a nos submeter a regras sem sentido.

Em nosso meio, todas as mães trabalhavam e se orgulhavam disso. A grande maioria era professora primária e sentia o mais forte desprezo pelas tarefas manuais que tanto tinham ocupado suas mães. Para nós, nada de mamães ficando em casa com roupas descuidadas, nos acolhendo aos beijos na porta de casa depois de um dia lavando e passando roupas com ferro quente ou fervendo raízes e, à noite, narrando contos crioulos de Zamba ou do Coelho. Aos cinco anos, todos nós conhecíamos o sofrimento de Pele de Asno. Com sete, os de Sofia. Nossos pais, também, saíam de casa cedo, engravatados, vestindo ternos de sarja branca passados, engomados, usando capacetes coloniais,[2] o que não os impedia de suar em bicas. Era, portanto, sob a condução de uma empregada doméstica que íamos para a escola em um grupo de crianças do mesmo bairro. Essa empregada deveria ser alguém de toda a confiança. A assembleia de pais rejeitou unanimemente Olga, a empregada dos Clavier meio louca que integrava um bloco de *mas* e, no Carnaval, surgia nas ruas coberta de piche. Da mesma forma recusou a empregada dos Roseau que tinha o desagradável hábito de se postar nas esquinas para conversar com homens atraentes. E a empregada dos Écanville, jovem demais.

A escolha recaiu sobre Madonne, nossa própria empregada, que tinha uns cinquenta anos. Uma grande *chabine*[3] triste que deixava seus seis filhos se virarem como podiam em casa, no morro Udol, para desde às cinco da manhã fazer o café em nossa cozinha. Madonne não era severa. Contentava-se em andar na nossa frente e de bater, de tempos em tempos, as mãos para chamar a minha atenção, porque eu estava sempre atrás do pelotão, cabeça erguida quase cega com a luz do sol ou me distraindo com façanhas imaginárias. Ela me deixava catar as sementes vermelhas de ervilha-do-rosário na Place de la Victoire com a intenção de enfiá-las em um barbante para fazer um colar. Em vez de fazer um caminho direto, ela dava voltas e mais voltas. Por todas essas razões, ficamos muito consternados quando o drama aconteceu.

Uma manhã, Madonne cometeu a falha imperdoável de não comparecer ao trabalho. Uma de minhas irmãs teve que preparar o café da manhã. Uma outra, nos levar à escola. Por volta do fim do dia, quando não a esperávamos mais, um de seus filhos apareceu em casa. Ele balbuciava em seu francês ruim que sua mãe tivera de levar a filha, gravemente doente, ao hospital Saint-Jules e que

---

2 Chapéu feito de fibras vegetais coberto por tecido, para proteger do sol. Foi muito usado pelos colonizadores europeus na África e na Ásia.(N.T.)

3 Termo usado nas Antilhas que faz referência a uma pessoa de pele clara cujos traços fenotípicos lembram os de uma pessoa negra. (N.T.)

não somente ela precisaria de um adiantamento do mês, mas que também pedia para tirar vários dias de licença. Minha mãe fez um cálculo, pagou tudo o que lhe devia e demitiu Madonne na mesma hora, atitude que foi amplamente comentada pelos outros pais. De maneira geral, julgaram que minha mãe estava errada. Eles já sabiam, era uma desalmada. Depois disso, acho que minha irmã Thérèse ficou encarregada de nos levar à escola das irmãs Rama. Passados alguns dias, uma tarde, eu me arrastava tranquila atrás do grupo, como de costume, quando dei de cara com um menino corpulento e alto, pelo menos me pareceu assim. Ele murmurou de maneira que só eu pudesse ouvi-lo:

— Bou-co-lon — ele martelou as três sílabas do meu sobrenome com violência —, *an ké tchouyé-w*![4]

Em seguida, ele avançou sobre mim com um ar ainda mais terrível, como se fosse unir o gesto à palavra. Com toda a rapidez de minhas pernas, corri para ficar em segurança à frente do pequeno cortejo. No dia seguinte de manhã, eu não o vi. Pobre de mim! Às quatro horas da tarde, o coração tremendo de pavor, eu o reconheci de pé em uma esquina. O pior é que ele tinha tudo de uma criança comum. Nem mais sujo, nem mais descuidado do que um outro qualquer. Camiseta e short cáqui, sandália nos pés. Cheguei em casa, minha mão apertada à mão de Thérèse, que não se manifestou. Durante alguns dias, eu não o revi e quis acreditar que tinha sido um pesadelo. Mais adiante, ele reapareceu enquanto eu, despreocupadamente, saltava com um pé só balbuciando uma história para mim mesma. Dessa vez, ele não se contentou em me ameaçar. Ele me jogou com força no chão com um empurrão. Quando a violência de meus berros trouxe Thérèse para perto de mim, ele já tinha ido embora. Ela afirmava que eu estava mentindo, já que eu mentia o tempo todo, repetiam em casa. Essa intriga durou, que eu me lembre, semanas. O menino aparecia raramente de manhã e, também, não era regular às tardes. Assim que eu me convencia de que não o veria mais, ele

---

4 Em crioulo: "eu vou te matar!". (N.A.)

reaparecia, mais assustador ainda. A maior parte do tempo, ele não podia me tocar. Assim, ele se contentava em fazer caretas horríveis e os gestos mais obscenos de longe. Eu chegava a chorar quando era preciso me aventurar para fora de casa e, ao longo de todo o trajeto para a escola, eu grudava desesperadamente na saia de Thérèse. Minha mãe tinha resolvido me levar a uma consulta com o dr. Mélas, pois a constância do meu delírio a preocupava, quando Adélaïde Rama reparou em um menino que rondava com frequência a escola na hora da saída. Quando ela tentou abordá-lo, ele fugiu como se estivesse mal-intencionado. Sua descrição correspondia à minha. Ele não parecia nem um malandro nem um bandido. Talvez um órfão. Acreditaram em mim. A partir de então, meu pai me escoltava pessoalmente no caminho da escola. Sua mão segurava meu punho, seca como uma algema de polícia. Ele andava tão rápido que eu tinha que correr para alcançar seus passos. Ele atravessava as ruas, com sua postura de gigante, na frente dos carros que buzinavam para adverti-lo. Mas o objetivo foi alcançado: o menino ficou com medo. Desapareceu. Para sempre.

Cada um procurava uma explicação para o mistério. Quem era meu agressor? O que ele queria de fato? Meus pais me ofereceram a deles. O mundo era dividido em duas classes: a classe das crianças bem-vestidas, bem-calçadas, que vão à escola para aprender e se tornar alguém. A outra classe era a dos criminosos e dos invejosos que só querem prejudicar os outros. A primeira classe não deve, portanto, nunca se atrasar enquanto anda e deve permanecer atenta.

A explicação de Sandrino me seduzia muito mais. Ela era mais convincente por ser mais romanesca. Segundo me contou, ele tinha visto Madonne passar várias vezes em nosso bairro, vestida de luto pois sua filha havia morrido no hospital Saint-Jules. Seu filho, inconformado com a infelicidade de sua mãe e com a injustiça que nossa família lhe tinha feito, tomou a decisão de vingar-se. Havia, então — covardemente, talvez — atacado a mim, o membro mais vulnerável.

— Os pais — concluiu Sandrino em tom grave — comeram as uvas verdes, mas foi a boca dos filhos que ficou irritada.

YVE

LISE

MINHA MELHOR AMIGA, que eu conhecia desde o pré--primário na escola Dubouchage, chamava-se Yvelise. Afetuosa, alegre como uma libélula, de personalidade tão constante quanto a minha era instável, diziam ao meu redor. Eu invejava seu nome formado pela adição dos nomes do pai e da mãe: Yves e Lise. É que eu não gostava muito do meu. Apesar de meus pais repetirem que era o de duas corajosas aviadoras que tinham feito não sei bem qual ataque aéreo pouco antes de eu nascer, isso não me impressionava nem um pouco. Quando Yvelise e eu passeávamos de braços dados na Place de la Victoire, as pessoas pouco informadas sobre as relações familiares em La Pointe nos perguntavam se éramos gêmeas. Não éramos parecidas, mas tínhamos a mesma cor, não pretas, pretas demais, vermelhas também não, da mesma altura, igualmente magrelas, com pernas ossudas e joelhos grandes, com frequência usando vestidos semelhantes.

Apesar de ser uns dez anos mais nova do que minha mãe, Lise era uma de suas melhores amigas. Elas tinham o mesmo status invejado na sociedade, as duas eram professoras primárias, casadas com homens abastados. Mas, enquanto minha mãe tinha um parceiro irrepreensível, Yves era um mulherengo de primeira. Lise não podia manter uma empregada ou uma amiga próxima, exceto minha mãe. Yves tinha engravidado cada uma das aparentadas do interior que lhe foram confiadas para dar educação. Na verdade, quando Lise e minha mãe estavam juntas, minha mãe passava o tempo ouvindo um punhado de histórias de brigas conjugais e, de seu lado, dava conselhos. Ia direto ao ponto, recomendando divórcio com uma boa pensão alimentícia. Lise fingia que não escutava, pois adorava seu bom negro equilibrista.

Minha felicidade foi completa quando Yvelise deixou Les Abymes e veio morar na Rue Alexandre-Isaac. Uma casa vizinha à nossa e quase tão bonita quanto. Dois andares, pintada de azul e branco. Buganvílias em vasos nas sacadas. Eletricidade. Água corrente. Com a desculpa de ajudá-la em seus deveres e lições, eu estava constantemente enfiada em sua casa. Teria adorado morar lá. Sua mãe, tomada pelas decepções amorosas, não nos vigiava. Seu pai, nas raras vezes em que estava em casa, comportava-se como um amigão, risonho e brincalhão. Não era, por certo, cerimonioso como meu pai. E, principalmente, sem o menor motivo, seus três irmãos abaixavam os shorts e me mostravam seu pipi. Às vezes até me deixavam tocá-lo.

De manhã, mochila nas costas, sob os cuidados de seus irmãos ocupados demais em perseguir garotas, saltitávamos as duas no mesmo ritmo em direção à nossa nova escola, o Petit Lycée. Eu me lembro da felicidade dessas andanças em uma cidade que parecia pertencer somente a nós, as crianças. O sol espumava como um *clairin*.[1] Os veleiros de Marie-Galante se espremiam na bacia. As vendedoras espalhadas no chão sobre seus largos quadris ofereciam tupinambo e *dannikites*.[2] Vendiam garapa em copos de latão. O Petit Lycée tinha acabado de abrir na Rue Gambetta e nossos pais, por pura vaidade, se acotovelaram para nos inscrever. Eu não

---

1 Bebida produzida no Haiti a partir da fermentação da cana de açúcar. "Kleren" em crioulo significa rum. (N.T.)

2 Biscoitos salgados. (N.A.)

gostei. Primeiro, perdi meu prestígio de filha de professora. Depois, o lugar era apertado. Era uma antiga casa burguesa parecida com aquela onde morávamos. Banheiros e cozinhas tinham sido transformados em sala de aula. Não podíamos fazer nossa algazarra no minúsculo pátio de recreação onde jogávamos comportadamente amarelinha.

Na escola, tudo me separava de Yvelise.

Sim, éramos da mesma classe. Sim, sentávamos lado a lado com nossos vestidos quase sempre parecidos. Mas, enquanto eu continuava, sem esforço, a ser a primeira da classe, Yvelise era a última. Se seus pais não fossem o que eram, ela nunca teria passado pela porta do Petit Lycée. Yvelise não lia, decifrava. Ela refletia longamente para descobrir o resultado, misterioso, de dois mais dois. Seus ditados continham cinquenta erros. Ela era incapaz de memorizar uma fábula de La Fontaine. Quando a professora a chamava à lousa, em seu desespero, Yvelise se torcia e se remexia tanto que a classe caía na gargalhada. Só no solfejo e em música ela se sobressaía, pois o Bom Deus a havia dotado de uma voz de rouxinol. A professora de piano a fazia cantar em solo a "Barcarolle" da ópera *Contos de Hoffmann*. O fato de Yvelise ser má aluna não afetava em nada nossas relações. Isso só despertava meu instinto protetor. Eu era seu fiel escudeiro. Quem quisesse zombar dela, teria que antes brigar comigo.

Eu não era a única no Petit Lycée a gostar de Yvelise. Devido ao seu temperamento dócil, nossa professora, a sra. Ernouville, a adorava. Se eu era a pedra em seu sapato por causa de minha indisciplina, principalmente de meu jeito inspirado em Sandrino de zombar de todo mundo, mesmo das pessoas — ela era incisiva nesse sentido — que sabiam mais do que eu, Yvelise era sua queridinha. Por mais de uma vez, ela havia convencido a diretora, amiga de Lise, a alertá-la sobre a má companhia que eu era. Eu também não tinha nenhuma afeição por essa professora. Ela era baixa e gorda. De pele clara como uma albina. Falava com um sotaque anasalado e ao mesmo tempo pronunciava o r de maneira gutural, transformando todos os r em w, insinuando um i diante das vogais, abrindo todos os o. Nos ditados, ela pronunciava "um pronto" em vez de "um ponto". Era a antítese de minha mãe e, talvez, da imagem que eu já tinha de mulher.

Eu acreditava que minha amizade com Yvelise fosse eterna, construída sobre uma rocha de fundação inabalável. No entanto, por sua maldade e a perversidade de sua mente, a sra. Ernouville quase acabou com ela.

No mês de dezembro, como naquele final de ano ela brilhava menos do que nunca por seu zelo e sua imaginação, ela nos pediu para escrever sobre um tema bem pouco original: "Descrevam sua melhor amiga".

Essa tarefa me entediou. Fiz rapidamente e não pensei mais no assunto assim que entreguei meu caderno. Alguns dias depois, a sra. Ernouville começou a correção com essa frase:

— Maryse, oito horas de tarefas devido à quantidade de maldades que você escreveu sobre Yvelise.

Maldades? Nesse momento, ela começou a ler minha redação com sua voz gutural: "Yvelise não é bonita. Ela também não é inteligente". As alunas deixavam escapar o riso e, com o canto dos olhos, observavam Yvelise que, ferida por essa franqueza brutal, estava arrasada. A sra. Ernouville continuou sua leitura. Da mesma forma desastrada, em seguida, eu me esforçava para explicar o mistério da amizade entre a aluna preguiçosa e a bem-dotada. Na verdade, as coisas teriam parado por aí, umas risadinhas de alunas, um bico passageiro de Yvelise, boa demais para guardar rancor, se a sra. Ernouville não tivesse decidido fazer um relatório à diretora sobre o que ela chamava de minha maldade. Esta, indignada, informou a mãe de Yvelise, que repreendeu violentamente minha mãe pela educação que ela me dava. Eu tinha tratado a filha dela como feia e burra. Quem eu pensava que era, hein? Eu era a típica herdeira de uma família que comia sardinha e arrotava caviar, de uma família de negros que achava que era mais do que de fato era. Minha mãe ficou ofendida. Meu pai também. O pai de Yvelise também tomou suas dores. Resumindo, os adultos entraram na dança e esqueceram a origem infantil da disputa. A consequência foi que minha mãe me proibiu de colocar os pés na casa de Yvelise.

Tive que obedecer e fiquei agoniada. Para a criança, a amizade tem a veemência do amor. Separada de Yvelise, eu sentia uma dor constante, torturante como uma dor de dente. Eu não dormia mais. Não tinha mais fome e sobrava espaço dentro de meus vestidos. Nada me distraía: nem meus brinquedos novinhos do Natal, nem as palhaçadas de Sandrino, nem as matinês no Renaissance. Eu, que adorava cinema, não prestava mais nenhuma atenção aos filmes de Shirley Temple. Na minha cabeça, eu escrevia mil cartas a Yvelise nas quais me explicava e tentava me desculpar. Porém, me desculpar de quê? O que desaprovavam? Eu ter dito a verdade? Era fato que Yvelise estava longe de ser uma beldade. Sua mãe, suspirando, lhe recordava isso sempre que podia. Era fato que ela não fazia nada na escola. Todo mundo sabia. As férias de Natal duraram uma eternidade. Finalmente, o Petit Lycée reabriu suas portas. Yvelise e eu nos reencontramos no pátio de recreação. Pelo seu olhar sem alegria que me tocava timidamente, sua boca sem sorriso, soube que ela havia sofrido tanto quanto eu. Me aproximei dela e lhe estendi uma barra de chocolate murmurando com uma voz suplicante:

— Quer a metade?

Ela respondeu que sim com a cabeça e me estendeu a mão do perdão. Na sala de aula, retomamos nossos lugares habituais e a sra. Ernouville não ousou nos separar.

Até os dias de hoje, minha amizade com Yvelise, depois do eclipse da adolescência, resistiu a outros dramas.

AUL
HIST

A DE
ÓRIA

COM FREQUÊNCIA, depois do jantar que Adélia servia pontualmente às sete horas da noite, meu pai e minha mãe, de braços dados, saíam para tomar uma brisa. Desciam a nossa rua até a suntuosa casa com pátio e jardim dos Lévêque, os *blancs-pays* que víamos na missa de domingo, o pai, a mãe, cinco filhos e uma tia solteira abrigada por eles, mas que o resto do tempo parecia viver atrás de cortinas baixas e portas fechadas. Em seguida, meus pais viravam à esquerda e, ao passar diante do cineteatro Renaissance, olhavam com desprezo os cartazes dos primeiros filmes americanos em tecnicolor. Eles odiavam os Estados Unidos sem nunca terem posto os pés lá, porque lá se falava inglês e porque não era a França. Eles faziam a volta do lago respirando a brisa que vinha do mar, avançavam até o cais Ferdinand-de-Lesseps, onde um cheiro de bacalhau salgado impregnava os ramos baixos das amendoeiras, voltavam na direção da Place de la Victoire e, depois de ter subido e descido três vezes a Allée des Veuves, sentavam-se em um banco. Ficavam lá até às nove e meia. Em seguida, concordavam em se levantar e voltar para casa pelo mesmo caminho tortuoso.

Eles me arrastavam sempre com eles. Porque minha mãe tinha orgulho de ter uma filha jovem na idade para lá de madura em que estava e, também, porque ela nunca ficava em paz quando eu estava longe dela. Eu não achava a menor graça nesses passeios. Preferia ficar em casa com meus irmãos e irmãs. Assim que meus pais viravam as costas, eles começavam a farra. Meus irmãos se encontravam com as namoradas na porta de casa. Colocavam discos de *biguine*[1] na vitrola, contavam todo tipo de anedota em crioulo. Sob o pretexto de que uma pessoa bem-educada não come na rua, durante essas saídas, meus pais não me ofereciam nem pistaches torrados, nem *sukakoko*.[2] Eu tinha que me contentar em cobiçar todas essas doçuras e me postava diante das vendedoras na esperança de que, apesar de minhas roupas compradas em Paris, se comovessem. Às vezes funcionava e uma delas, parte do rosto iluminado por seu candeeiro, me estendia a mão cheia:

— Toma pra você! Filhinha da mamãe!

Além disso, meus pais não me davam atenção e conversavam entre eles. Sobre Sandrino, que mais uma vez estava sob a ameaça de ser expulso do colégio. Sobre uma de minhas irmãs que não estudava na escola. Sobre investimentos financeiros, porque meu pai era um excelente gestor. Sempre e principalmente sobre a maldade das pessoas de La Pointe que não conseguiam admitir que os negros tivessem sucesso na vida como eles haviam tido. Por causa dessa paranoia de meus pais, eu vivi minha infância na angústia.

Eu teria dado tudo para ser filha de pessoas comuns, anônima. Eu tinha a impressão de que meus familiares estavam ameaçados, expostos à cratera de um vulcão cujas lavas ardentes arriscavam a qualquer momento os consumir. Eu disfarçava este sentimento, na medida do possível, por fabulações e uma agitação constante, mas ele me corroía. Meus pais se sentavam sempre no mesmo banco, próximo ao coreto. Se ele estivesse ocupado por pessoas indesejáveis, minha mãe ficava plantada diante deles, batendo o pé, com

---

1 Ritmo e dança originários das Antilhas, que se caracterizam pelo requebrar dos quadris sem mexer os ombros. (N.T.)

2 Cereal de cacau. (N.T.)

uma aparência tão impaciente que eles não demoravam a ir embora. Sozinha, eu me divertia como podia. Pulava em um pé só nas trilhas. Chutava pedrinhas. Abria os braços e me tornava um avião que levantava voo. Desafiava as estrelas e a lua crescente. Em voz alta, com grandes gestos, eu contava histórias para mim mesma. Uma noite, no meio de meus jogos solitários, uma menininha surgiu da escuridão. Loirinha, vestida com desleixo, um rabo de cavalo sem graça nas costas. Ela me chamou em crioulo:

— *Ki non a-w?*[3]

Eu me perguntava quem ela achava que eu era. Uma criança sem lar? Procurando impressioná-la, revelei minha identidade com ênfase. Ela pareceu não ligar, era visível que ouvia meu sobrenome pela primeira vez e continuou com a mesma autoridade, de novo em crioulo:

— Eu sou Anne-Marie de Surville. Vamos brincar! Mas, atenção, minha mãe não pode me ver com você, senão ela me bate.

Eu segui seu olhar e notei algumas mulheres brancas imóveis, sentadas de costas, cabelos soltos uniformemente sobre os ombros. As maneiras dessa Anne-Marie não me agradavam nem um pouco. Uma hora, fiquei tentada a virar as costas e ir procurar meus pais. Por outro lado, estava muito feliz por encontrar uma parceira da minha idade, mesmo que mandasse em mim como se eu fosse sua empregada.

Na mesma hora, Anne-Marie assumiu o comando de nossas brincadeiras e, a noite toda, me submeti a seus caprichos. Fui a má aluna e ela puxou meus cabelos. Também levantou meu vestido para me dar uma palmada. Fui o cavalo. Ela subiu nas minhas costas e me encheu de pontapés nas costelas. Fui a empregada e ela me deu um tapa na cara. Ela me insultou. Eu tremia ouvindo ao vento *kouni à manman a-w*[4] e *tonnè dso*,[5] que eram proibidos. Por

---

3 "Como você se chama?" (N.A.)

4 Xingamento envolvendo a mãe, a injúria suprema. (N.A.)

5 Xingamento, algo como "trovão dos infernos". (N.A.)

fim, um último tabefe doeu tanto que corri para me proteger nos braços de minha mãe. Com vergonha, não me expliquei. Aleguei que tinha caído e me machucado e deixei meu carrasco saltitando impunemente perto do coreto.

No dia seguinte, Anne-Marie me esperava no mesmo lugar. Durante mais de uma semana, ela foi fiel ao seu posto e eu me entreguei sem reclamar a seus abusos. Depois de ela quase ferir meu olho, protestei, cansada de sua brutalidade.

— Não quero mais que você bata em mim.

Ela deu uma risada sádica e caprichou num soco na boca do meu estômago:

— Eu tenho que bater em você, porque você é uma negrinha.

Tive sabedoria suficiente para me afastar dela.

No caminho de volta, apesar de ter refletido sobre sua resposta, não consegui achar sentido algum. Na hora de dormir, depois de rezar para os diferentes anjos da guarda e para todos os santos do paraíso, perguntei à minha mãe:

— Por que os negros devem apanhar?

Minha mãe ficou perplexa e disse:

— Como uma menininha tão inteligente quanto você pode fazer uma pergunta dessas?

Fez, rapidamente, o sinal da cruz em minha testa, levantou-se e se retirou apagando a luz do meu quarto. No dia seguinte de manhã, na hora do penteado, voltei à carga. Eu sentia que a resposta forneceria a chave do edifício muitas vezes misterioso de meu mundo. A verdade sairia do pote onde a mantinham guardada. Diante da minha insistência, minha mãe bateu em mim, secamente, com as costas do pente:

— Chega, pare de falar besteiras! Será que você vê alguém batendo em mim ou no seu pai?

A sugestão era improvável. No entanto, a exaltação de minha mãe traía seu constrangimento. Ela estava escondendo algo. Ao meio-dia, eu iria xeretar na cozinha, em volta das saias de Adélia. Pobre de mim! Ela estava mexendo um molho na panela. Assim que notou minha presença, antes mesmo que eu pudesse abrir a boca, começou a gritar:

— Sai daqui ou chamo a sua mãe!

Tive que obedecer. Hesitei, depois subi para bater na porta do escritório de meu pai. Se por um lado eu me sentia, todo o tempo, envolta no afeto caloroso e meticuloso de minha mãe, por outro, eu sabia que não interessava muito a meu pai. Eu não era um menino. Além do mais, eu era seu décimo filho, pois ele havia tido dois meninos de um primeiro casamento. Meus choros, meus caprichos, minha bagunça o exasperavam. Eu formulei minha pergunta em forma de *leitmotiv*:

— Por que os negros devem apanhar?

Ele me olhou e respondeu distraidamente:

— Do que você está falando? Apanhávamos no passado. Você não quer ir procurar sua mãe?

Desde então, engoli minhas perguntas. Não perguntei nada a Sandrino, pois tinha medo de sua explicação. Eu pressentia que um segredo estava escondido no fundo de meu passado, segredo doloroso, segredo vergonhoso que seria inconveniente e, talvez, perigoso insistir em conhecê-lo. Valia mais enterrá-lo bem fundo em minha memória como meu pai e minha mãe, como todas as pessoas que frequentávamos, pareciam fazê-lo.

Nos dias seguintes, voltei à Place de la Victoire com meus pais, bem decidida a recusar as brincadeiras com Anne-Marie. Mas apesar de procurá-la por todo lado, percorrer as trilhas, ir à esquerda e à direita, não a revi. Corri até o banco onde estavam sentadas sua mãe e tias. Estava vazio. Nunca mais as revi. Nem ela, nem as mulheres de sua família.

Hoje me pergunto se esse encontro não foi sobrenatural. Já que tantos antigos ódios, antigos medos nunca resolvidos continuam enterrados na terra de nossos países, eu me pergunto se Anne-Marie e eu, nós não fomos, no espaço de nossas supostas brincadeiras, as reencarnações em miniatura de uma senhora e de seu escravo bode expiatório. De outra forma, como explicar minha docilidade, justo eu, tão rebelde?

MAL
JU

1 De “ma bonne”, empregada doméstica que cuida das crianças, a babá. (N.T.)

O'

IE

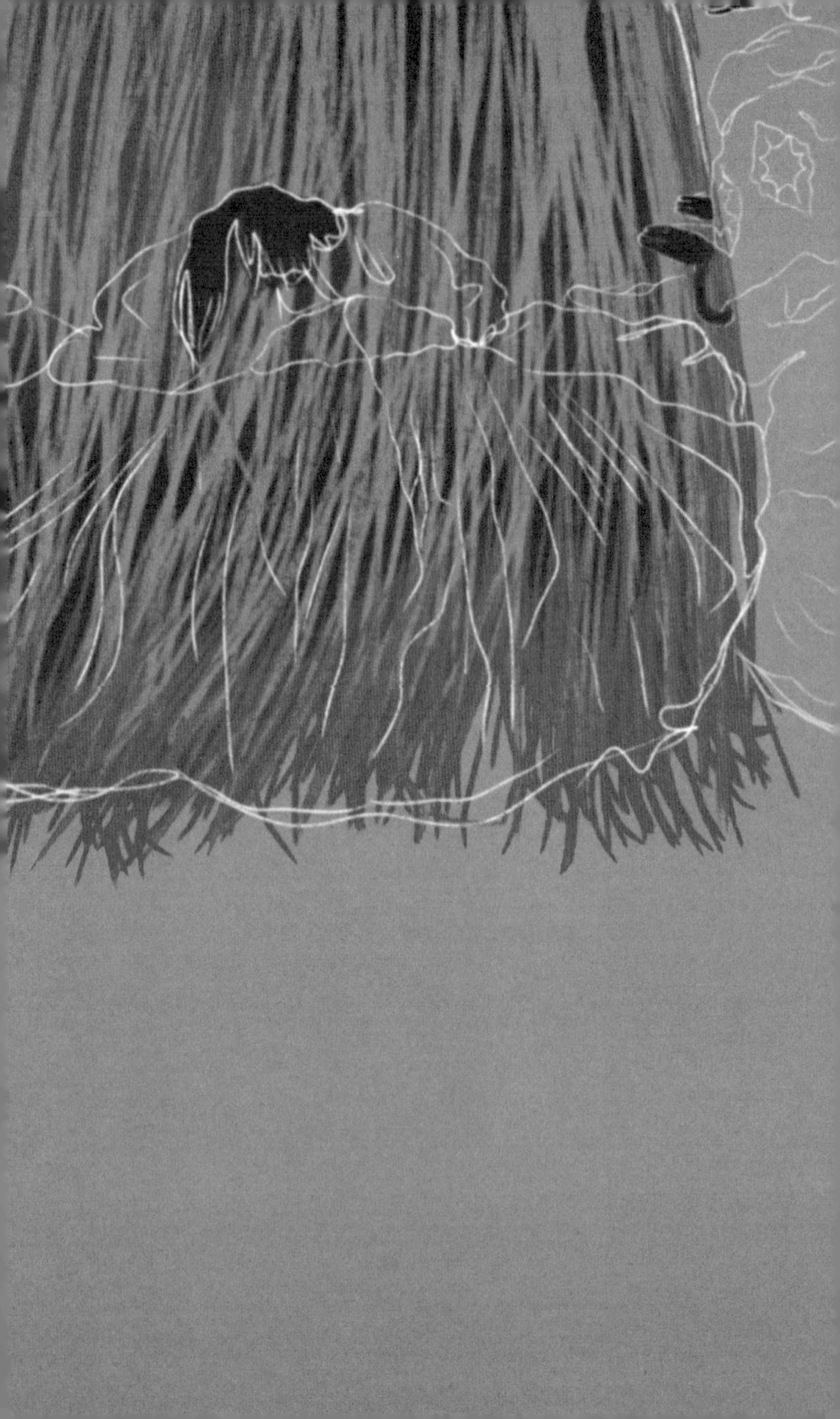

ANTES DE PERDER *mabo* Julie, eu nunca tinha encontrado a morte. Minha mãe era filha única. Meu pai também. Seu próprio pai, marinheiro de longas distâncias, tinha abandonado a esposa logo após lhe ter colocado uma criança no ventre. Aqueles que cresciam no seio de amplas tribos, onde não se conta o número de meios-irmãos, meias-irmãs, tios, tias, primos, primas, pais e agregados, são mais cedo ou mais tarde confrontados com a terrível face da morte. Não era o meu caso.

Será por isso que a morte tinha começado a exercer sobre mim um fascínio que nunca deixou de existir? Toda vez que um enterro descia do Faubourg Alexandre-Isaac, eu corria à sacada para contemplar a procissão que se dirigia lentamente para a catedral. Eu não apreciava o enterro dos infelizes, aqueles em que poucos fiéis os acompanham à última morada, sem flores nem coroas. Eu só gostava dos enterros que espalhavam a opulência daqueles que, a partir de então, não possuíam mais nada. À frente, uma nuvem de coroinhas com suas sobrepelizes aladas em volta do padre, brandindo a cruz com os braços esticados. Atrás, o carro fúnebre drapeado com tecidos prateados. Na multidão vestida de preto, eu só tinha olhos para a primeira fileira, aquela dos mais próximos:

as viúvas, invisíveis sob as pregas de seus véus, os homens, suas pesadas braçadeiras costuradas nas mangas, as crianças andando mecanicamente, pequenos autômatos. Pensando bem, era como se eu tivesse pressentido que não assistiria ao enterro daqueles que me eram mais caros. Como se eu tentasse imaginar o que poderia ter sido o meu luto. Às vezes, naquela época, músicos participavam do cortejo. Uns sopravam seus saxofones. Outros faziam soar os pratos. E seus acordes eram a antevisão dos meus bem-amados réquiens de hoje. Quando *mabo* Julie teve uma pleurisia com complicações pulmonares, minha mãe teve medo de contágio. Assim, não fui visitá-la e só a revi em seu leito de morte.

Mabo Julie era a babá que havia me carregado em seus braços e passeado comigo na Place de la Victoire para que todos que sabiam apreciar pudessem admirar minhas camisas de seda, de tule ou de renda. Ela me ajudou quando aprendi a andar, me levantou e consolou toda vez que eu caía. Quando eu não precisei mais dela, minha mãe a manteve para outros serviços — ela não tinha recursos —, e ela se tornou então nossa lavadeira. Toda quarta-feira, ela chegava em casa trazendo na cabeça uma bandeja cheia de roupas de uma limpeza cintilante e perfumada. Meu pai, tão exigente com as golas padre de suas camisas, não tinha do que reclamar. *Mabo* Julie era uma velha mulata, bem branca de pele, os olhos desbotados, as bochechas enrugadas como maracujá caído do pé há três dias. Acho que ela era de Terre-de-Haut des Saintes. Eu nunca vi nem marido nem filhos ao seu redor e, talvez por isso, ela dependia de nossa família. Eu a adorava como se fosse minha mãe, que morria de ciúmes dela, eu sabia. Nada mais errado. Meus sentimentos por uma e por outra eram radicalmente diferentes. Minha mãe esperava demais de mim. Eu era sempre requisitada a me mostrar a melhor em tudo. Por causa disso, vivia com medo de decepcioná-la. Tinha pavor de ouvir o julgamento irrevogável que, com frequência, fazia sobre mim:

— Você nunca fará nada de bom na sua vida!

Ela sempre me criticava. Achava que eu era alta demais para a minha idade, maior do que todas as crianças da minha classe; magricela demais, dava pena, só pele e osso; meus pés eram grandes demais; meu bumbum reto demais; minhas pernas, *jattelées*.[2] Ao contrário, aos olhos de *mabo* Julie eu não precisava fazer nenhum esforço para ser a mais linda e a mais brilhante de todas as meninas da Terra. Minhas palavras, assim como minhas ações, eram marcadas com o selo da perfeição. Toda vez que a via, eu a abraçava tão fortemente que seu lenço se soltava e descobria seus cabelos de seda branca. Eu a enchia de beijos. Rolava em seu colo. Eu tinha total acesso a seu coração e a seu corpo. Nos anos que precederam sua morte, sempre deitada doente com disenteria, bronquite, febre, ela não cuidava mais de nossa roupa e eu sentia a sua falta como um unguento de uma ferida.

Nunca esquecerei a noite em que minha mãe me contou sem rodeios que ela havia tido uma recaída e não resistira. Primeiro, não tive o sentimento de tristeza que já conhecia. Tive a estranha impressão de que a Lua passava entre a Terra e o Sol e que a sombra se tornava espessa ao meu redor. Eu tateava como uma cega. Ouvi minha mãe pedir a opinião de meu pai. Na minha idade, será que eu poderia ir a um velório? Será que poderia ver um morto? Eles discutiram longamente. Os dois acharam que eu precisava me fortalecer. Eu fazia manha demais. Sempre reclamando por qualquer coisa. Enquanto isso, minha dor nascia, crescia, crescia. Tive a impressão de que ela ia jorrar com mais força do que um gêiser. Finalmente, minha mãe decidiu me levar com ela. Estávamos prestes a sair quando Sandrino assoprou na minha orelha, brincalhão como de costume:

— Cuidado! Se você não se comportar como uma menina grande, ela virá puxar seus pés.

Mabo Julie morava próximo ao Carénage, um bairro que eu não conhecia. Era um antigo bairro de pescadores, espremido em

2 Tortas. (N.A.)

torno da fábrica Darboussier, que ainda funcionava. Apesar de ser tarde da noite, a rua ladeada de casas térreas fervilhava de gente. Crianças corriam para todo lado. Vendedoras ofereciam todo tipo de *douslets*,[3] *sukakoko*, bolo de batata-doce. Sentados diante de suas portas, homens de camiseta jogavam dados ou dominós gritando:

— *An tchyou a-w*![4]

Outros bebiam lado a lado em botecos. Aos meus olhos, essa animação não era assustadora, mas chocante. Era como se o desaparecimento de *mabo* Julie não fizesse diferença para as pessoas. Aproximando-se do local do velório, viam-se as portas drapeadas de negro e escutava-se o burburinho de vozes. A casa de *mabo* Julie era pequena. Apenas um cômodo dividido em dois por uma cortina. Na metade que servia de quarto, por causa da quantidade de velas, estava tão claro quanto o dia. Também estava muito quente. Os vizinhos e vizinhas que ocultavam a camada de flores espalhadas afastaram-se ao ver minha mãe. Então, *mabo* Julie surgiu para mim, usando seu mais belo vestido *matador*,[5] os cabelos penteados com dois birotes na lateral, à direita e à esquerda de seu lenço preto. Não a reconheci, ela estava maior. Angulosa. Uma outra pessoa tinha tomado seu lugar. Não encontrei seu sorriso. De repente, ela tinha um ar hostil e ameaçador. Minha mãe ordenou:

— Beije-a!

Beijá-la?

Eu ia recuar. Na mesma hora, lembrei-me do aviso de Sandrino. Esforcei-me para obedecer. Apoiei minha boca na bochecha que tantas vezes beijei e me surpreendi por não a encontrar macia e morna como a conhecia, e sim rígida e fria. Fria. De uma frieza que eu não poderia comparar a nada. Nem mesmo à de um gelo.

---

3 Doce feito com leite de coco, açúcar e canela. (N.T.)

4 "Acertei em cheio!" (N.A.)

5 Vestimenta típica das mulheres de Guadalupe. (N.T.)

Estava mais para a de uma pedra. De uma pedra de lápide. Um sentimento confuso me tomou: tristeza, medo, vergonha de ter medo daquela que eu tinha amado e que de repente se tornou uma estranha para mim. Eu solucei e comecei a chorar. Minha mãe não gostou. Ela teria preferido que eu, como uma criança da família real, não manifestasse em público nenhuma emoção. Irritada, ela me sacudiu:

— Comporte-se! Quero ver!

Eu fungava. Ficamos uma hora ou duas perto do cadáver. Terço na mão, minha mãe rezava. Sob o cheiro das flores, eu sentia o de carniça. Finalmente, voltamos para casa. Na mesma noite, meus pesadelos começaram. Era só minha mãe fechar a porta do meu quarto para que *mabo* Julie entrasse. Não aquela que eu tinha adorado durante sua vida, mas outra, desconhecida. Às vezes, ela se deitava ao meu lado na minha cama. Colocaram-me para dormir com Thérèse, que se exasperava com essa história:

— Você continua aí, fingindo que é grande quando no fundo é só uma medrosa.

Eu me pergunto como tudo isso teria acabado se, uma noite, minha mãe não tivesse me pegado no colo e feito carinho, como ela sabia fazer tão bem, enquanto eu chorava todas as lágrimas do meu corpo.

— Como você pode pensar que uma pessoa que gostava tanto de você vai te fazer mal? Agora, ela é o seu anjo da guarda!

Sem dúvida, ela acabava de se lembrar que eu tinha só nove anos.

THE
BLU
EY

ST

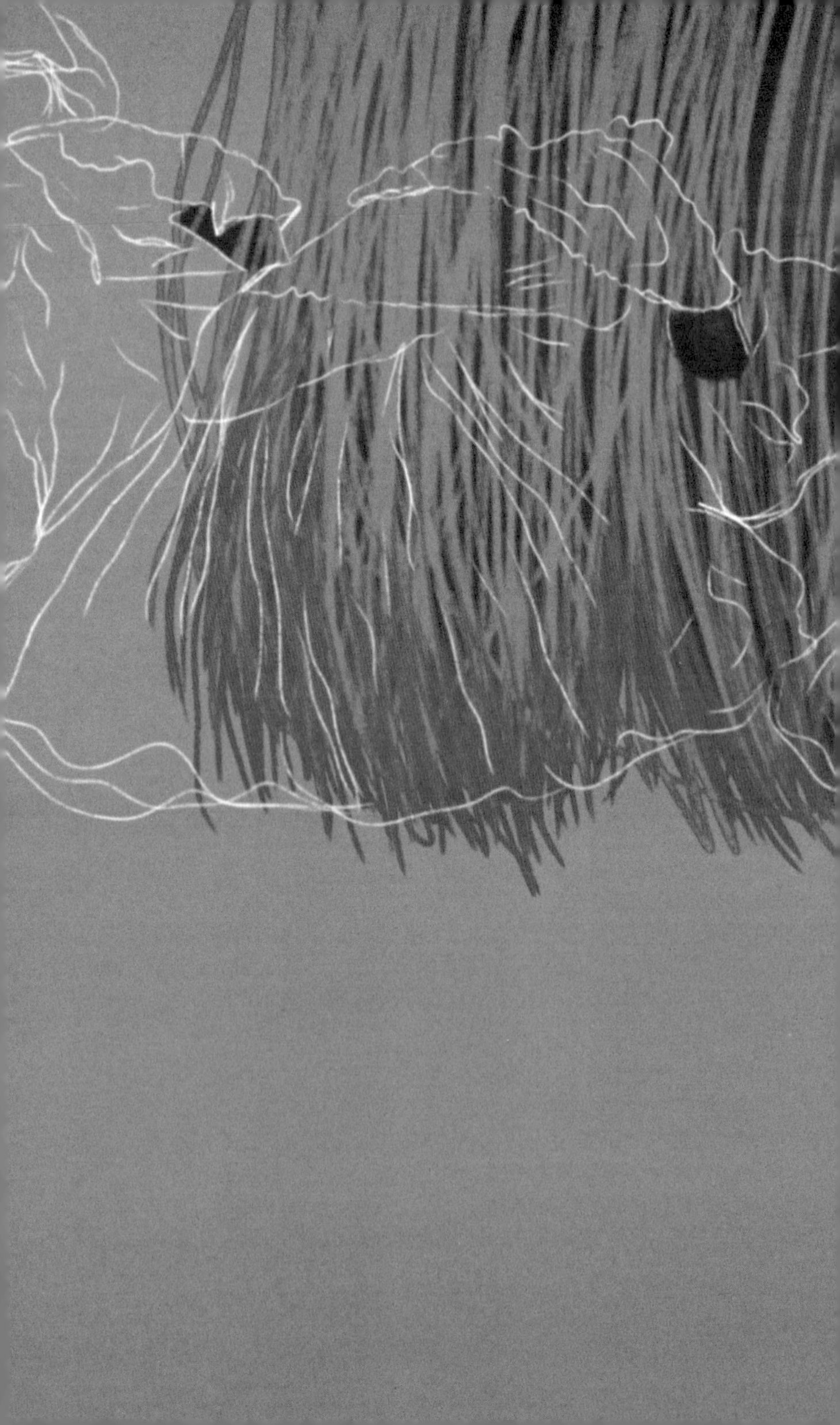

A RUE ALEXANDRE-ISAAC, onde ficava nossa casa, começava um pouco acima da Place de la Victoire, coração que ritmava a vida de La Pointe, e se perdia em uma periferia populosa, mas de boa aparência. Nada a ver com o canal Vatable, suas *golomines*[1] e seus pardieiros. Era uma rua respeitável, habitada por gente importante, por vezes também por pessoas de ganhos mais modestos, mas sempre de boas maneiras. Meus pais tinham mudado para lá alguns meses antes do meu nascimento, quando ficar na Rue Condé não era mais condizente nem com a quantidade de filhos que tinham nem, principalmente, com seu novo status. Meu pai tinha acabado de ser condecorado com a Legião de Honra, não sei por quê, e minha mãe, orgulhosamente, havia costurado fitas em todas as suas lapelas. Ela gargalhava ao contar a pergunta de uma curiosa:

— Sr. Bucolon, o que é esse fio vermelho em seu paletó?

As casas da Rue Alexandre-Isaac eram de madeira, construídas a partir de um modelo idêntico. No entanto, distinguiam-se

---

1 Golomines (*poecilia reticulata*) no Brasil é popularmente chamado de lebiste ou barrigudinho. São peixinhos de dois a três centímetros comuns em Guadalupe. (N.T.)

entre si por detalhes sutis: o vermelho mais ou menos vivo da chapa metálica dos telhados, o frescor da última mão de pintura ou o brilho das flores alinhadas na sacada. Os Driscoll, uma família de doze filhos, moravam em uma casa de esquina, bem ampla, mas meio malcuidada, o telhado remendado, sacadas sem buganvílias nem hibiscos. Quando meus pais e eles se cruzavam, cumprimentavam-se educadamente com bom-dia ou boa-noite. Mas não se frequentavam. No fundo de seus corações, meus pais sentiam-se superiores a eles. O sr. e a sra. Driscoll eram funcionários humildes, sem brilho, não tinham nem um carro. As pessoas diziam também que eles eram especiais e que não faziam nada como os outros. Além do mais, eram mulatos. Naquela época, em Guadalupe, as pessoas não se misturavam. Os negros andavam com os negros. Os mulatos, com os mulatos. Os *blancs-pays* ficavam na esfera deles e o Bom Deus ficava contente em seu céu. Felizmente, as crianças não se preocupavam muito com essas questões dos adultos. Nós vivíamos em boa vizinhança com os Driscoll da nossa idade, mesmo sendo mulatos, e Gilbert poderia ter sido meu primeiro amor.

Era um menino não muito forte, cabelos cacheados como um garoto árabe, com um jeito tímido que o diferenciava de seus irmãos briguentos.

Eu nunca tinha ouvido a sua voz e a imaginava suave como o som da flauta de bambu. Nós nos conhecemos na catequese, em um retiro de Páscoa, no meio de umas sessenta crianças. Desde então, demonstrávamos nossos sentimentos passando horas inteiras trocando olhares de adoração de nossas sacadas. Quinta-feira de manhã não chamávamos a atenção porque nossas famílias se movimentavam nas sacadas. A vovó Driscoll esticava seus velhos ossos em uma cadeira de praia ou fazia ninar o caçula. Minhas irmãs espetavam as agulhas nas toalhas. Os meninos Driscoll faziam suas tarefas escolares. Mas, à tarde, era mais difícil se deixar ficar no meio de plantas e vasos. Todo mundo ia para o interior das casas fazer a sesta e abaixava as persianas. O mercadinho da esquina permanecia aberto. Os *lolos*[2] fechavam e só ficava vagando na rua um louco apelidado de Banjo por causa de sua barriga estufada por uma hérnia. Minha mãe, com roupa de ficar em casa, já deitada debaixo de seu mosquiteiro, se mostrava impaciente:

— Venha logo! O que está fazendo aí no sol como roupa no varal?

Eu não me mexia. Gilbert colocava óculos escuros, cobria-se com um velho chapéu de palha ou se protegia embaixo de um guarda-sol. Eu não tinha coragem. Com medo de levantar suspeitas, estoica, eu continuava a suar em bicas e a sentir marteladas na cabeça. Depois de meses arriscando ter uma insolação, Gilbert ganhou coragem. Menos desconfiado do que eu, pois eu nunca tinha me aberto a ninguém, ele confidenciou a Julius, um dos irmãos de Yvelise, seu melhor amigo da escola. Recentemente, eu tinha quase triturado o pipi de Julius, maravilhada em vê-lo tornar-se rígido entre meus dedos. Mas nós nunca tínhamos ensaiado uma ligação amorosa. Era diversão, iniciação corporal. Desviando-se de toda a vigilância, um fim de tarde Julius veio me entregar um envelope. Dentro dele havia uma foto que me surpreendeu. À primeira vista, parecia a foto de um cachorro, um pastor-alemão sentado sobre seu traseiro, enorme, boca aberta, língua pendurada. Em seguida, distinguia-se no canto esquerdo Gilbert sem camisa, tão pequeno que parecia um adestrador ao lado de seu elefante. A foto parecia ter sido tirada dois ou três anos antes, e ele não devia ter mais do que seis anos. Cabelos nos olhos, ele sorria um sorriso banguela. Atrás da foto estavam escritas as palavras mágicas: "Eu te amo". Enterrei meu tesouro em uma pequena cesta de palha na qual guardava as minhas coisas da missa, único lugar que minha mãe não inspecionava regularmente. Em seguida, fiquei me torturando, pensando o que eu poderia dar em troca. Na minha família só

---

2 Em Guadalupe, o "lolo" é um mercado-bar de bairro. (N.T.)

gostavam de fotos em grupo: os oito filhos entre papai e mamãe. Ou então meus irmãos com meu pai. Ou então minhas irmãs e eu em volta de minha mãe. Não havia nenhum registro no qual eu aparecesse sozinha. Ou com um cachorro. Então, dar um lenço bordado por mim? Uma conchinha que eu tivesse pintado? Um cinto que eu tivesse trançado? Eu não sabia fazer nada com meus dez dedos. Eu colecionava zeros em trabalhos manuais. Acabei me decidindo por um laço em tartaruga com o qual minha mãe enfeitava meus penteados.

Depois disso, seu amor estando oficialmente declarado e aceito, Gilbert me mandou uma carta pelo mesmo mensageiro. À primeira vista, nada a dizer., Ela fora escrita em um lindo papel azul. Sem manchas. As pernas das letras eram firmes. Se estivesse em um caderno de exercícios, a professora mais severa teria apreciado: "Letra excelente". Meu coração batia acelerado. No entanto, já nas primeiras linhas ele escorregou: "Maryse adorada, para mim, você é a mais bela com esses seus olhos azuis".

Pensei ter lido mal. Olhos azuis? Eu? Corri até a entrada do banheiro e me olhei no espelho. Não havia dúvida possível. Meus olhos eram marrom-escuros. Quase negros. Nem mesmo cacau. Voltei para o meu quarto e me sentei na cama. Estava desconcertada. Era como se eu tivesse lido uma carta endereçada a outra pessoa. Ao longo do jantar, fiquei sombria e silenciosa de tal modo, com um comportamento tão diferente do que costumava ter, que todo mundo se preocupou.

— Meu Deus, será que essa criança está com febre?

Subi para o meu quarto e reli a carta. As palavras não haviam mudado: "Maryse adorada, para mim, você é a mais bela com esses seus olhos azuis". Excepcionalmente, não quis contar a Sandrino, que, eu sabia, gargalharia e me daria uma de suas explicações sofisticadas das quais só ele tinha o segredo. O que teria acontecido? Gilbert não me viu direito? Será que ele quis zombar de mim? Será que se tratava de uma brincadeira boba? Minha raiva ferveu, chegou a transbordar. Quando Julius veio buscar a resposta, eu lhe devolvi um bilhete enfático achado em um Delly[3] preferido de uma de minhas irmãs: "Gilbert, está tudo terminado entre nós".

Eu não me dei conta de que estava cometendo o mesmo erro que tinha sido fatal para Gilbert: copiei. Eu havia copiado de livros ruins. Para se aventurar no terreno desconhecido da correspondência amorosa, ele tinha, sem dúvida, procurado referências. Que pena! Nossas referências eram romances franceses de quatro tostões. Nos dias que se seguiram, com medo de vê-lo, eu não aparecia na sacada e ficava escondida dentro de casa. Ele não desistiu logo. Esbarrei com ele, uma tarde, na calçada em frente à casa de Yvelise. Ele estava apoiado por seu alter ego para ter coragem. Eu nunca tinha me aproximado tanto dele. Ele estava penteado, perfumado com água-de-colônia Jean-Marie Farina. Notei que ele tinha grandes olhos cinzas melancólicos. Ele murmurou com uma voz fraca:

— O que foi que eu te fiz?

Mas sua voz não era aquela que eu esperava. Que teria combinado com seu corpo gracioso. Era uma voz grossa. Quase uma voz de adulto. A lembrança iria me assombrar. Eu não achava nada para responder. Corri para a casa de Yvelise e me desmanchei em lágrimas no seu ombro, contando o triste episódio.

---

3 Os romances de Delly, escritos pelos irmãos Jeanne-Marie Petitjean de La Rosière e Frédéric Petitjean de La Rosière, foram muito populares entre as décadas de 1910 e 1950. (N.T.)

PAR
PER

AÍSO
DIDO

QUANDO FIZ nove ou dez anos, minha mãe me me fez entrar para o grupo das "lobinhas", um ramo de meninas-escoteiras. Ela achava, com razão, que eu não fazia exercícios físicos o suficiente. Fraca. A última em educação física. Para falar a verdade, eu só arrastava o corpo quatro vezes por dia de casa para ir ao liceu Michelet e, no sereno, sentar-me no banco da Place de la Victoire ao lado de Yvelise comendo cornetos e mais cornetos de pistaches torrados. Fora isso, passava a maior parte do tempo em meu quarto, persianas abaixadas, enrolada nos lençóis, às vezes lendo, mais frequentemente sonhando acordada. Ajustando as histórias inverossímeis com as quais eu enchia a cabeça daqueles que tinham a paciência de me ouvir. Eu tinha criado verdadeiros folhetins cujos personagens retornavam com regularidade, sempre se debatendo em aventuras extraordinárias. Eu afirmava, por exemplo, que encontrava todo dia um homem e uma mulher, o Senhor Diabo e a Senhora Diaba. Vestidos inteiramente de preto, seguravam uma lanterna mágica sem valor e tinham o rosto iluminado por suas velas, eles me contavam detalhes de suas sete vidas. Primeiro, bois presos em uma savana... Depois, pombos voando nos campos, depois... sei lá mais o quê! Minha mitomania preocupava muito minha mãe. Mãos postas sobre meu livro de orações, ela me forçava a pedir perdão ao meu anjo da guarda e jurar não mais me afastar da verdade verdadeira, o que eu fazia com contrição, do fundo do meu coração. Se eu não cumpria minha promessa, era porque só alcançava a felicidade nas mais profundas divagações. Na minha tenra idade, minha vida pesava. Ela era organizada demais. Sem enfeites nem fantasia. Eu já disse, nós não tínhamos nem parentes nem agregados. Não recebíamos ninguém. As visitas das amigas de minha mãe não cortavam a monotonia da vida. Eram sempre as mesmas embonecadas, maquiadas, enchapeladas, empetecadas de joias: sra. Boricot, sra. Revert, sra. Asdrubal. Eram raras as que caíam em suas graças. Aquela lá ria alto demais. Aquela outra contava piadas atrevidas na frente das crianças, aquela outra gostava demais de trocadilhos duvidosos. Nunca festas de família, jantares, festejos sem fim, noitadas. Nunca bailes, dança, música. Além do mais, no fundo de mim mesma, eu já carregava esse sentimento de "pra quê?" que raramente me deixou e que, em consequência, tentei dissimular com um frenesi de atividades.

Eu só estava bem quando inventava universos com minha imaginação.

Minha mãe não alcançou seu objetivo. Comecei a odiar as lobinhas. Primeiro o uniforme: azulão, inapropriado, gravata, boina. Depois, as saídas semanais. Toda quinta-feira após o almoço, Adélia arrumava em uma cestinha um cantil cheio de limonada com anis, uma trança de pão doce, uma barra de chocolate e fatias de bolo marmorizado. Com umas vinte menininhas sob o comando de um quarteto de pioneiras, eu tomava o rumo do morro de l'Hôpital. Para chegarmos lá, seguíamos em fila, de duas em duas, uma boa meia hora sob o sol quente. Quando chegávamos, não podíamos nem mesmo tomar um pouco de ar fresco e nos esticarmos à sombra dos pés de tamarindo da Índia. Tínhamos que, imediatamente, correr, saltar, descobrir pistas, cantar bem alto. Se por um lado eu não apreciava as outras lobinhas, que demonstravam sentir o mesmo por mim, por outro, eu adorava as pioneiras. Sobretudo uma delas: a pioneira Nisida Léro, que escondia tesouros de afeto em seu peito de jovem de boa família, infelizmente ainda solteira. Eu não sei o que aconteceu com ela e lhe desejo toda a felicidade do mundo com a imensa prole que queria na época. Eu era sua queridinha. Ela me sentava em seu colo e me enchia de mimos. Minha memória guarda a imagem de uma mulata bem escura, uma sombra de bigode, um nariz aquilino. Eu tinha prazer em pentear seu opulento coque sempre prestes a se desmanchar nos ombros. Ninguém tira da minha cabeça que ela, assim como eu, não gostava da ginástica: os saltos em altura, os saltos à distância, todos esses exercícios que fazem o corpo suar que ela nos fazia praticar com tanto entusiasmo. Simplesmente, ela acreditava ter descoberto uma boa maneira de preencher sua vida enquanto esperava um marido.

Às vezes, nas férias, íamos acampar. Oh, não muito longe! Nunca para lá de Petit-Bourg. Em Bergette, Juston, Carrère, Montebello. No acampamento, impossível devanear, uma vez acordadas e vestidas, era proibido voltar às barracas. Movimento ininterrupto. Estávamos constantemente atarefadas. Arrumação: vassoura na mão. Louça: pilhas de pratos e copos de metal para lavar. Cozinha: montanhas de raízes para descascar. Coleta de madeira: as sensitivas nos arranhavam as canelas nas savanas. À noite, a fumaça das fogueiras, em torno das quais nos sentávamos em roda para matraquear contos insípidos, faziam arder os olhos e a garganta. Quando se apagavam, os mosquitos nos devoravam. Toda noite, eu dormia chorando. Naquele tempo, em Guadalupe, não havia telefone. Eu não podia ligar para a minha mãe para lhe contar as desgraças e suplicar-lhe para ir me buscar. Após esses dias intermináveis (quanto tempo duravam?), eu encontrava os meus emagrecida, abatida e, por muito tempo, me recusava a deixar o colo de minha mãe.

— Deixe-me em paz, você me sufoca — ela protestava quando eu a cobria de beijos.

Minha pior lembrança que permaneceu foi uma estada em Barbotteau nos altos do rio Lézarde. Tenho a impressão de que um céu negro não parava de desabar em águas. Impossível montar nossas barracas na grama encharcada, ocupamos um prédio sem conforto, úmido, deteriorado. Uma escola? Fechadas no interior, nós brincávamos de *ti point, ti croix.*[1] Bebíamos *té peyi*[2] cantando canções absurdas:

Il ne fera plus kokodi kokoda.[3]

Depois desse inferno, chegou, finalmente, o momento da volta, salpicado de sinais funestos que eu, cega, não soube decifrar. O ônibus alugado atolou ao cruzar o rio Lézarde. Foi preciso descer para empurrá-lo sob a tromba-d'água. Na altura de Arnouville, ele esmagou, formando um purê sanguinolento, um galo que atravessava o asfalto brilhante batendo as asas. Excepcionalmente, a ponte de la Gabarre estava aberta e nós ficamos muito tempo parados no acostamento da estrada. Enfim, quando chegamos a La Pointe, já era quase noite. O ponto de encontro era sempre o mesmo: diante da casa da pioneira Nisida. Ela ficava em um bairro mais residencial do que o nosso, do outro lado da Place de la Victoire que tinha meio que a função de Quinta Avenida. Era lá que a empregada ou a mãe, segundo o status da família, recobrava a posse de sua lobinha. Algumas meninas voltavam ao lar com o peito estufado, todas orgulhosas, e podíamos imaginar suas narrativas romanceadas. Eu voltava sempre cabisbaixa e, de costume tão falante, não tinha nada a contar.

---

1 Jogo com papel e caneta sobre um papel quadriculado que lembra vagamente o jogo da velha. (N.T.)

2 O "té-peyi" é um chá de *Capraria biflora*, conhecido no Brasil como chá-da-terra, chá-do-méxico, chá-da-martinica e muitas outras denominações. (N.T.)

3 "Ele não fará mais *cocodi cocoda*." (N.T.)

Aquela noite, eu esperei na calçada durante mais de uma hora: ninguém veio me buscar. Então, a pioneira Nisida me pegou pela mão e, acompanhadas de seus irmãos, nos dirigimos à Rue Alexandre-Isaac.

Ao passar diante da catedral Saint-Pierre-et-Saint-Paul, compacta em sua obscuridade, presságio sombrio, uma nuvem de morcegos voou dos nichos dos santos e nos envolveu. Salpicada de candeeiros das vendedoras, a Place de la Victoire estava entregue àqueles que escondem sua agitação na sombra. Eu avançava, meu coração batendo em ritmo de luto. Minha intuição me assoprava que meu sofrimento só estava começando. Chegamos à esquina da Rue Condé. A casa de meus pais estava mergulhada na escuridão. De alto a baixo, estava hermeticamente fechada. Pesadas portas cerradas, trancadas a sete chaves. Uma vizinha, a sra. Linsseuil, sempre enxerida, nos informou de sua sacada que meus pais tinham ido para nossa casa de campo em Sarcelles. Quando deveriam voltar? Ela não tinha ideia. Ouvindo isso, eu soltei um grito tão terrível que outros vizinhos saíram em suas sacadas e, ao me reconhecer, comentaram que eu já era bem crescidinha para fazer uma cena daquelas. É verdade que com a educação que eu recebia... Meus pais esperavam um belo futuro me educando assim. A pioneira Nisida não deu nenhum crédito a esses falastrões e, com muitos carinhos, conseguiu me acalmar. Voltamos para a casa dela. Eu andava como um zumbi, tinha entendido que aquela noite também eu iria dormir sem minha mãe.

Duas funcionárias esvoaçavam em volta da mesa e da família Léro, que se aprontava para jantar. Uma família bem burguesa, porém risonha. O pai, um senhor mulato muito magro, mas brincalhão. A mãe, como a filha, também um pouco redonda. Os filhos bagunceiros. A vovozinha, uma mantilha sobre os cabelos de neve. Tia Cécé com os modos um pouco de freira. Dois primos *bitako*.[4] Uma prima. Me colocaram ao lado da pioneira Nisida e todo

---

4 Caipiras. (N.A.)

mundo disputava a minha atenção. Se meus pais não voltassem no dia seguinte de manhã, o sr. Léro me prometeu que seu motorista me levaria a Sarcelles. Essa noite eu dormiria em seu quarto, sorriu para mim a pioneira Nisida. Que lindos brincos eu usava nas orelhas, me agradou Mme. Léro. Eu não ouvia nada. Por consideração, diante de tanta gentileza, eu me esforçava para segurar os gemidos e o rio de lágrimas. Mas eu tinha a garganta apertada, não conseguia engolir nada. Nada de nada. Meu prato manteve-se intacto. Não encostei em nenhum prato. Nem o pargo grelhado. Nem chuchus gratinados. Nem a salada de beldroega. Para terminar, uma empregada colocou diante de mim uma pequena vasilha cheia de creme de chocolate.

Eu adorava creme de chocolate.

Apesar do meu sofrimento, minhas lágrimas secaram na mesma hora. Eu hesitei, infinitamente envergonhada de ceder à gula em um momento daqueles. Enfim, tomei a decisão. Eu iria, como se a contragosto, pegar minha colher, quando abruptamente a outra empregada retirou o creme e o levou para os confins da cozinha. Eu fiquei *mofwazé*.[5]

Por que será que, mais de cinquenta anos depois, a imagem daquela pequena vasilha azul com as bordas douradas cheia de uma delícia cremosa que não pude experimentar passa e repassa diante de meus olhos, símbolo de tudo o que desejei e não obtive?

---

5 A palavra "mofwazé" significa, em crioulo, "metamorfoseado". Segundo uma lenda crioula, as pessoas são capazes de se transformar em outras espécies (gato, cachorro, galinha e mesmo outras pessoas) à noite. (N.A.)

FELIZ
ANIV
SÁRIO
MAM

R-

ÃE!

O ANIVERSÁRIO de minha mãe era dia 28 de abril, data que nada jamais poderá apagar de minha memória. Era todo ano um acontecimento agendado com precisão como uma consagração. Na escola Dubouchage, onde ela ensinava havia vinte anos, suas alunas preferidas, pois ela tinha sua corte, recitavam-lhe elogios e entregavam-lhe um buquê de rosas, suas flores preferidas, em nome de toda a classe. Em casa, na hora do almoço meu pai lhe dava um presente, geralmente um colar ou uma pulseira que iria pesar ainda mais em sua caixa de joias. Às quatro horas da tarde, a sorveteira começava a ranger no pátio. Adélia, que resistia fielmente aos saltos de humor apesar de um salário miserável, servia o lanche para minha mãe e suas amigas perfumadas e embonecadas. Havia rosas em todos os lugares. Além do mais, diante desse canteiro, meus irmãos e irmãs maquiados e fantasiados encenavam uma pequena peça, composta por eles, que tinham ensaiado no maior segredo. Então meu pai abria as garrafas de champanhe postas para gelar na véspera. Durante anos eu me contentei em ser uma espécie de mosca do coche, inoportuna para todos. Eu queria lamber a fôrma do bolo, girar a manivela da sorveteira. Eu me recusava a beijar as amigas da minha mãe. Mas me empenhava em cobri-la de beijos grudentos. Eu derrubava xarope de orchata no meu vestido. Bebia as sobras nos copos. Enfim, como dizia minha irmã Thérèse, a única da família que me tratava com alguma severidade, "eu fazia o que queria". À medida que fui crescendo, esse papel de figurante não me contentava mais. Aos dez anos, quis chamar a atenção de minha mãe, merecer seus elogios por um gesto fora do comum.

Aqui talvez seja preciso tentar rascunhar um retrato de minha mãe. É uma tarefa que só pude tentar recentemente, minha mãe nunca dizia uma palavra sobre si mesma. Como ela não tinha nem irmãos nem irmãs, apenas alguns primos da ilha Marie-Galante que nos traziam tangerinas no Ano-Novo, e como sua mãe tinha fechado os olhos antes que eu abrisse os meus, para mim era fácil imaginar minha mãe saída do limbo já adulta para dar à luz a minha legião de irmãos e irmãs.

Ela se chamava Jeanne Quidal. Minha memória guarda a imagem de uma mulher muito bonita. Pele de sapoti, sorriso iluminado. Alta, escultural. Sempre vestida com bom gosto, com exceção de suas meias-calças claras demais. Em La Pointe, poucas pessoas gostavam dela apesar de sua caridade incansável: ela alimentava dezenas de infelizes que vinham em busca de socorro todo domingo. Havia adquirido a reputação de uma figura lendária. Faziam circular seus comentários e julgamentos, sempre contundentes. Amplificavam seus gritos coléricos e seus ataques de fúria. Contavam como Jeanne tinha quebrado seu guarda-sol nas costas de um policial, culpado por lhe faltar com o respeito, segundo ela. Afinal, a base de sua personalidade era o orgulho. Era filha de uma bastarda analfabeta que tinha deixado La Treille para viver em La Pointe. Vovó Élodie. Uma foto sobre o piano Klein mostrava uma mulata com um lenço, frágil, ainda mais fragilizada por uma vida de exclusão e de cabeça baixa "Sim, sinhô. Sim, senhora". Minha mãe tinha crescido, portanto, humilhada pelos filhos do patrão, perto da horta das cozinhas nas casas burguesas. Seu destino natural seria cozinhar para os outros como sua mãe e ficar prenha do primeiro bugre que chegasse. Mas, desde a escola primária, a colônia, que nem sempre é cega, tinha notado sua inteligência excepcional. Graças a bolsas e a créditos educativos por mérito, ela foi uma das primeiras professoras negras. Convertida em bom partido, minha mãe logo foi cortejada. Ela poderia desejar se casar na igreja de véu e grinalda. No entanto, não se deixava enganar, sabia que muitos de seus pretendentes só estavam interessados em seu salário de professora da elite. Aos vinte anos, encontrou meu pai. Ele tinha 43 anos e a cabeça prematuramente grisalha. Tinha acabado de enterrar sua primeira esposa e estava sozinho com dois filhos pequenos, Albert e Serge. Apesar disso, minha mãe aceitou casar-se com ele. Apesar de não poder afirmar, eu desconfio que o amor pouco teve a ver com essa decisão. Jeanne não tinha afeto por esse viúvo responsável por dois filhos, já com artrite e enxergando mal atrás de seus grossos óculos de armação de tartaruga. Mas o quarentão, ambicioso de primeira, que prometia preencher sua vida, tinha construído uma casa de dois andares na Rue Condé e possuía um Citroën C4. Ele tinha pedido demissão da escola para se lançar aos negócios. Com um grupo de empresários do seu tipo, havia fundado a Caixa Cooperativa de Empréstimos, futuro Banco das Antilhas, destinado a ajudar funcionários. Na aparência, o casamento de meus pais foi a usual mistura de felicidade e infelicidade. Tiveram oito filhos. Quatro meninos. Quatro meninas. Perderam dois ainda pequenos, algo com que minha mãe nunca se conformou. Não lhes faltou dinheiro e viajaram muito. Foram até a Itália. Meu pai foi um marido fiel. Nenhum meio-irmão, nenhuma meia-irmã vieram pedir dinheiro para os sapatos da escola. No entanto, nada tirará de minha cabeça que meu pai não merecia minha mãe. Apesar de ele chamá-la constantemente de "meu tesouro", ele não a compreendia e, além do mais, ela o assustava. Sandrino era categórico. Segundo ele, minha mãe era uma mulher insatisfeita e frustrada.

— O que você queria? — ele repetia. — Ela se vendeu a um velho. Aposto que ela não faz amor de maneira adequada há anos. Você foi um acidente.

Longe das aparências, em seu íntimo, imagino que minha mãe tinha medo da vida, égua sem cabresto que tanto havia maltratado sua mãe e sua avó. Um desconhecido havia violentado Élodie, cuja mãe havia, quinze anos antes, sido violentada por um dono de fábrica de Marie-Galante. As duas haviam sido abandonadas com sua montanha da verdade e seus dois olhos para chorar. Élodie nunca teve nada que fosse dela. Nem mesmo um quarto. Nem mesmo um bom vestido. Nem mesmo um túmulo. Ela dormia seu sono eterno em uma sepultura de seus últimos patrões. Consequentemente, o que assombrava minha mãe era vivenciar o que elas viveram. E, sobretudo, que a confundissem com uma pessoa qualquer, que não homenageassem a pessoa que se tornou pela força de seu próprio esforço. Ela aterrorizava minhas irmãs. Apenas Sandrino e eu a enfrentávamos. Quando eu era pequena, alguns de seus axiomas me deixavam enfurecida. Em especial aquele que ela me repetia com frequência, vendo minha propensão a procurar a companhia de Adélia:

— Você nunca fará nada de bom. As meninas inteligentes não passam seu tempo na cozinha.

Eu não podia entender que era seu modo de lamentar a distância que, ao longo dos anos, cresceu entre sua empregada e ela. As pessoas de La Pointe diziam que ela não tinha sentimentos e que havia magoado Élodie. Que ela não a deixava mais tocar em seus filhos, como se fosse uma pestilenta. Que tendo vergonha de seu lenço, ela a havia forçado a usar chapéu e a expor suas têmporas desnudas; por falar em crioulo, ela a havia forçado ao silêncio; por sua atitude de subalterna, ela a escondia toda vez que recebia visitas.

Aos dez anos, encorajada por minhas boas notas em francês, pedi para apresentar um texto composto por mim em um aniversário de minha mãe. Aceitaram, já que eu sempre podia tudo. Não pedi ajuda a ninguém. Nem mesmo a Sandrino, que aliás zombava desses aniversários e nunca aceitava participar das cenas. Eu não tinha uma ideia precisa do que queria dizer. Sentia apenas que uma personalidade como a de minha mãe merecia um escriba. Que eu devia me dedicar a apresentar o meu melhor para um ser tão complexo. Depois de uma longa reflexão, optei por um poema em verso livre que lembrava também uma peça de teatro. Só havia uma personagem. Por suas metamorfoses, essa personagem única exprimia as diferentes facetas da personalidade de minha mãe. Ao mesmo tempo generosa, pronta para distribuir seu dinheiro aos infelizes e pronta a atormentar Adélia por um aumento de poucos francos. Emotiva a ponto de se debulhar em lágrimas pelo infortúnio de um desconhecido. Arrogante. Raivosa. Principalmente, raivosa. Capaz de matar com a arma branca de suas palavras e incapaz de pedir perdão. Durante semanas, eu trabalhei com afinco, deixando de lado minhas tarefas da escola. Eu despertava de madrugada e via a lua redonda como um queijo brie colocado na beirada da minha janela. Eu me levantava às quatro da manhã com cuidado para não chamar a atenção de minha mãe, já vestida no cômodo ao lado. Pois todos os dias que Deus fez, sem colar nem brinco, despojada como um crucifixo, minha mãe ia à missa da aurora. Ela tomava a comunhão cotidianamente e, de volta ao seu banco, ficava fletida até o *Ite missa est*, murmurando rezas exaltadas. O que será que ela pedia ao Bom Deus?

Depois dessas semanas de transe, o sol iluminou o dia de seu aniversário. Desde cedo, o destino me indicou com mil sinais que as coisas não aconteceriam como eu desejava. Infelizmente, eu era uma criança cega e teimosa. Em Dubouchage, as alunas preferidas não conseguiram se lembrar dos elogios e, de boca aberta, se balançaram de um pé para o outro como peruas, disse-lhes minha mãe. Na hora do almoço, meu pai entregou-lhe um broche que visivelmente não agradou sua destinatária e, além disso, a espetou ao ser enganchado em seu corpete de crepe *georgette*. Adélia tropeçou na cozinha e esmigalhou todas as taças de champanhe. A pequena cena foi um desastre apesar da energia daqueles que assopraram as falas. Os raríssimos aplausos de minha mãe expressaram sua desaprovação. Só restava a minha criação para reparar a honra perdida da família.

Esse texto, evidentemente, desapareceu e não consigo dizer o que continha exatamente. Lembro-me de que estava recheado de referências à mitologia clássica, já que, nas aulas do sexto ano, estávamos estudando "O Oriente e a Grécia". Em sua primeira metamorfose, minha mãe era comparada a uma das irmãs górgonas, a cabeça coroada de uma cabeleira de serpentes venenosas. Na segunda, a Leda, cuja doce beleza seduziu o mais poderoso dos deuses. Assim que comecei a falar, os rostos de meu pai, de minhas irmãs, das amigas de minha mãe e mesmo de Sandrino desmoronaram, revelando surpresa, perplexidade, incredulidade. Mas a bela máscara de minha mãe ficou impassível. Sentada ereta em sua poltrona, ela estava em uma pose que gostava: a mão esquerda apoiada no pescoço sustentava o queixo. Seus olhos estavam semicerrados como se concentrada para ouvir melhor.

Vestida com uma túnica azul celeste, eu me exibi e falei diante dela durante três bons quartos de hora.

De repente, ela fixou o olhar em mim. Seus olhos estavam cobertos de uma película brilhante. Logo ela se desabou e lágrimas desenharam caminhos ao longo de suas bochechas maquiadas.

— É assim que você me vê? — perguntou sem raiva.

Em seguida, levantou-se, atravessou o salão e subiu para o seu quarto. Eu nunca tinha visto minha mãe chorar. Nem mesmo quando ela quebrou o osso do braço ao escorregar na escada. Eu experimentei primeiro um sentimento inebriante que se assemelhava ao orgulho. Eu, dez anos, a caçulinha, havia dominado a fera que ameaçava engolir o sol. Eu havia parado os bois de Porto Rico em pleno galope. Depois, o desespero me tomou. Bom Deus, o que eu havia feito? Eu não tinha aprendido minha lição. Meus conflitos com Yvelise não foram suficientes. Não se deve dizer a verdade. Nunca. Jamais. Àqueles que amamos. Devemos pintá-los com as cores mais brilhantes. Deixar que admirem a si mesmos. Fazê-los crer que são aquilo que não são. Corri para fora do salão, subi a escada de quatro em quatro degraus. Mas a porta do quarto de dormir de minha mãe estava fechada. Apesar de eu berrar, bater à porta com murros e pontapés, ela não se abriu.

Passei a noite chorando.

No dia seguinte, minha mãe fingiu me tratar como sempre. Não me penteou com uma mão mais rude e prendeu minhas quatro tranças com um laço rosa. Fez brilhar minhas pernas com um pouco de óleo de rícino. Ela me fez revisar as lições. Quando, chorando todas as lágrimas do meu corpo, eu enlacei seu pescoço com meus braços, explicando que não tinha sido por mal e lhe pedi perdão, ela me questionou de maneira glacial:

— Perdão? Por que perdão? Você disse o que pensava.

Essa calma dava a justa medida de sua ferida.

A MU
MAIS
LINDA
MUN

LHER

DO

O

NA CATEDRAL Saint-Pierre-et-Saint-Paul, nosso banco tinha o número 32 na ala central. Quando eu era pequena, podia ir de olhos fechados para este refúgio, passando pelo diácono que me assustava muito quando batia no chão com sua alabarda, eu me deixava guiar pelo fluxo da música que vinha do órgão e o cheiro de lírio e de nardo amontoado sobre o altar-mor. O banco era estreito. A madeira era brilhante como se tivesse sido encerada. O encosto, muito alto. Era preciso que eu ficasse de joelhos no banco, o que era proibido, se quisesse saber o que estava acontecendo atrás. Meu pai, que tinha flertado com a franco-maçonaria, nunca nos acompanhava à catedral. Ficava em casa, com roupas descontraídas, aproveitava para receber seus amigos descrentes como ele, suspirava minha mãe. Com eles, fumava charutos e, excepcionalmente, tomava um gole ou dois. Da nossa casa até a catedral, não demorava mais do que alguns minutos andando em linha reta. Só era preciso atravessar a Place de la Victoire. Mas minha mãe parava a cada dez passos para dizer bom-dia, papear com uma conhecida, e nós devíamos esperá-la. De qualquer forma, eu não podia me distanciar, saltitar, escapar para a esquerda e a direita, pois ela prendia minha mão na sua. Sandrino ia sempre por último no pelotão com uma cara de enterro, ele que se pretendia ateu. Combinávamos de saltar os degraus do adro, entrávamos de dois em dois no interior da igreja, minha mãe e eu puxando a tropa. Quando chegávamos à altura do nosso banco, fazíamos o sinal da cruz e, como um macaco sabido, eu me esforçava para imitar o gesto amplo de minha mãe. Em seguida, ajoelhávamo-nos sobre a aresta cortante do genuflexório. Colocávamos a cabeça entre as mãos durante alguns minutos, sempre imitando minha mãe. Depois disso, nos sentávamos. Dentro da catedral, que era tão clara quanto uma vidraça, o silêncio era entrecortado por tosses sufocadas e choro de crianças. Por fim, o órgão começava a tocar e o padre fazia sua aparição, rodeado de coroinhas vestidos de vermelho, balançando o turíbulo com intensidade. Acho que, um após o outro, meus irmãos mais velhos tinham sido coroinhas, com exceção de Sandrino, que se recusou ferozmente. Deus, a Igreja eram os únicos assuntos de divergência de meus pais. No entanto, eles não brigavam por isso. Meu pai achava natural que uma mulher de bem tivesse uma religião e minha mãe, inevitável que um homem não tivesse uma.

Apesar de uma excessiva faceirice que me fazia adorar os adereços, eu não gostava de ir à igreja. Era preciso usar um chapéu que puxava meu cabelo, sapatos de verniz que apertavam meus dedos do pé, meias de algodão que esquentavam e, principalmente, ficar calada durante mais de uma hora, o que para mim era uma tortura já que eu sempre tinha uma história para contar. Com frequência, no meu desconforto, eu fechava os olhos e chegava a cochilar depois do evangelho. Mas minha mãe ficava incomodada e sacudia meu braço como se fosse um ramo de juazeiro. Ela que me deixava fazer tudo, segundo minhas irmãs, era muito severa quando se tratava da postura durante a missa. Estava determinada que eu ficasse acordada até a frase liberadora de *Ite missa est*. Para não ficar com sono, eu cantarolava um refrão na minha cabeça. Pena que, às vezes, eu esquecia. Ele descia para a minha boca e eu recebia um tapa sem dó. Eu olhava pela enésima vez os detalhes das estátuas de gesso no fundo de seus nichos: santo Antônio de Pádua com a sua calvície. O Menino Jesus sentado sobre seu livro de preces. Santa Teresa de Lisieux com os olhos voltados ao céu abaixo de sua coroa de botões de rosa. São Miguel Arcanjo usando sandálias — que imprudência! — para pisotear uma serpente. Eu virava para olhar os vitrais iluminados pelo sol. Nada de novo daquele lado também. Amarelo, vermelho, azul. Tentava localizar os amigos dos meus pais no mar de rostos. Alguns estavam lá, tão solenes e arrumados quanto nós. O dr. Mélas, que tinha acabado de me tratar de uma otite. O sr. Vitalise, que enfiava sapos dentro de vidros em sua farmácia. À medida que fui crescendo, não pude me impedir de perceber como eram raras as caras negras ou simplesmente coloridas na nave da catedral sob a calota invertida da cúpula. Elas se destacavam como se tivessem caído da tigela de leite da parlenda que cantávamos sem nenhuma ironia:

Uma negra que bebia leite
Ah, disse ela, se eu pudesse
Mergulhar minha cara na tigela de leite
Ficaria mais branca
Que todos os franceses
Eses-eses-eses[1]

Blancs-pays em todos os lugares. *Blancs-pays* no banco a nossa frente, no banco de trás. Saídos dos quatro cantos de La Pointe. Homens, mulheres, crianças. Velhos, jovens, bebês de colo. Nunca víamos tantos quanto na missa de domingo. Parecia que a catedral era deles. Que o Bom Deus era um parente próximo deles.

Eu não tinha nenhum sentimento de agressividade diante dos *blancs-pays*, apesar do episódio com a Anne-Marie de Surville,

1 *"Une négresse qui buvait du lait/ Ah, se dit-elle, si je le pouvais/ Tremper ma figure dans un bol de lait/ Je deviendrais plus blanche/ Que tous les Français/ Ais-ais-ais!"* (N.T.)

naquela época comodamente oculto em minha memória. Como vimos, meus pais não falavam comigo sobre esse assunto assim como não contavam histórias de zumbis ou de *soukougnans*.[2] Minhas colegas brancas, assim que saíamos da escola, nem passava pela minha cabeça encontrá-las. Se nossos caminhos se cruzassem, nossos olhares sabiam como fazer para não se cruzarem. Um domingo, não sei por quê, comecei a prestar atenção aos *blancs-pays* do meu entorno com curiosidade.

Eu sabia que em crioulo eles eram chamados de "*zorey*".[3] E é verdade que os homens e meninos exibiam lóbulos vermelhos, poderosos, descolados. As mulheres esforçavam-se para escondê-los debaixo das volutas de suas cabeleiras; as meninas, debaixo de seus cachos e fitas. Apesar disso, eles apareciam, cômicos ou ameaçadores, à direita e à esquerda de seus chapeuzinhos. Meu olhar subia, descia, percorria as fileiras de caras marcadas com um mesmo carimbo de palidez amarelada, parava no promontório imperial do nariz, girava em torno dos lábios desenhados com o fio da navalha. E foi então que, com minha exploração um pouco zombeteira, deparei com uma mulher muito jovem, um barrete de palha preta preso sobre seus cabelos ruivos, metade da testa coberta por um veuzinho, as bochechas aveludadas, a boca em botão de rosa. Ela vestia um tailleur de linho bege em cuja gola havia um camafeu. Eu nunca tinha visto nada tão perfeito. O resto da missa, não pude parar de observá-la. Em um momento, seus olhos encontraram os meus e, para meu sofrimento, desviaram-se rapidamente, revelando apenas indiferença. Ela não tinha reparado em mim. Depois do *Ite missa est*, ela se levantou de seu banco, ajoelhou-se piedosamente, fez o sinal da cruz e tomou o braço de um homem. No domingo seguinte, de meu posto de observação, eu a vi chegar

---

2 Trata-se de uma criatura sobrenatural das Antilhas, principalmente de Guadalupe. Pode ter a aparência de uma bola de fogo ou de um pássaro negro e bebe o sangue de suas vítimas. (N.T.)

3 Também pode ser escrito como "zoreille", derivado de "oreille", em francês. (N.T.)

com sua família, sempre de braço dado com seu marido muito jovem também, bigodudo, de aparência um tanto comum, indigno em todos os pontos de possuir um tesouro daqueles. Dessa vez, ela estava vestida de renda branca, o barrete foi substituído por um chapéu capeline de bordas largas, o camafeu por um *collier-chou*[4] de grossura respeitável. Com aquilo que me pareceu uma graça inimitável, ela tomou seu lugar na fileira 29. Como um detetive, anotei o número. A curiosidade me devorava. De volta para casa, perguntei a minha mãe quem era aquela família de *blancs-pays* da fileira 29, não longe da nossa. Eu sabia, minha mãe e suas amigas eram genealogistas de primeira. Elas dominavam de memória o quadro de parentesco, de casamentos, de alianças, de separações. Uma grande parte de seus encontros consistia em atualizar essas informações tão bem que poderiam aconselhar os tabeliões que penavam com problemas de sucessão e de partilha de bens. Ela tinha a resposta na ponta da língua:

— São os Linsseuil. Bom negócio, acabaram de casar Amélie com o filho do dono da fábrica Grosse Montagne.

Ela já ia passar para outro assunto quando, pensando melhor, minha pergunta a surpreendeu. Mudando de ideia, virou-se para mim. O que é que eu tinha a ver com aquelas pessoas?

— É que — respondi com irritação, entregue a minha paixão —, eu acho a Amélie a pessoa mais linda que já vi.

E acrescentei sem prestar atenção à sua expressão:

— É o meu ideal de beleza!

Silêncio mortal. Ela ficou sem voz. Fez vir meu pai, que ria na sala, convocou meus irmãos e irmãs que conversavam tranquilamente na janela de seus quartos. Expôs meu crime: como era possível que meu ideal de beleza fosse uma mulher branca? Não havia pessoas da minha cor que merecessem essa distinção? Se eu

---

4 O "collier-chou" é uma joia típica das Antilhas, formada por bolas de ouro enfiadas em uma corrente. (N.T.)

tivesse escolhido uma mulata, uma mulata clara, uma *koolie*[5] mesmo, ainda vá lá! Meu pai, que sabia que era melhor não contradizer minha mãe, dessa vez ficou do meu lado. Não seria muito barulho por nada? Eu era muito jovem. Minha mãe não aceitava essas circunstâncias atenuantes. Eu já tinha discernimento. Eu sabia o que fazia. Seguiu-se um discurso convicto cujos temas prenunciavam aqueles do *black is beautiful*. Minhas bochechas estavam pegando fogo. Eu ficava com ainda mais vergonha por perceber que Sandrino, meu aliado de sempre, tinha ares de aprovação. Fui para meu quarto. De certa maneira, eu adivinhava que minha mãe tinha razão. Ao mesmo tempo, eu não era culpada. Eu não tinha admirado Amélie porque ela era branca. Sim, mas sua pele rosada, seus olhos claros e seus cabelos sedosos eram parte desse conjunto que eu admirava tanto. Tudo isso estava além de minha compreensão.

No domingo seguinte, de rabo de olho, vi Amélie ajoelhar-se e fazer o sinal da cruz na entrada de seu banco. Não virei a cabeça em sua direção.

Eu tinha entendido que sua beleza era proibida para mim.

---

5 Trabalhadores indígenas recrutados depois da abolição da escravatura para substituir os escravizados nas plantações de açúcar. (N.T.)

PALA
PROI

VRAS
IDAS

NUM FINAL de ano, minha mãe descia para sentar-se à mesa, noite após noite, chorando, as pálpebras inchadas e entumecidas. Adélia fazia seu prato com devoção, mas minha mãe nem tocava na comida e ia rapidamente se enclausurar em seu quarto, de onde a ouvíamos gemer como alguém ferido. Meu pai permanecia em seu lugar. Mas demonstrava uma aparência relativa às circunstâncias e suspirava profundamente entre duas colheradas da sopa grossa. Depois da refeição, Adélia levava um chá de sêmen-contra, reconhecível por seu cheiro picante, e ficava com minha mãe horas e horas.

À espera dela, eu batia os pés de impaciência. Sandrino e eu não podíamos atravessar a rua sem ela e procurar um lugar para nos sentarmos no pátio dos Clavier. Já nos primeiros dias de dezembro, nós nos reuníamos com as pessoas do bairro, e com a cabeça voltada para a cúpula do céu estrelado, cantávamos as cantigas da época do Advento, às vezes até a meia-noite. Até a vovó Driscoll trazia seu banco e sentava-se em um cantinho. Meus pais, que nunca se misturavam nesses encontros, permitiam que participássemos. Os "Cantos de Natal" eram a única concessão que eles faziam às tradições populares. Se, por um lado, o ritmo das cantigas era tão endiabrado quanto o das *biguines* ou das mazurcas crioulas,[1] nós batíamos com força nas bacias ou no fundo das panelas, as palavras eram corretíssimas. Francês legítimo. Francês francês. Ainda sou capaz de cantar sem errar "*Michaud veillait la nuit dans sa chaumière*",[2] que continua a ser minha cantiga preferida. E também "*Voisin, d'où venait ce grand bruit?*"[3] "*Venez, divin Messie, venez, source de vie.*"[4] Ou ainda: "*Joseph, mon cher fidèle*".[5]

Para mim, a causa do estado de minha mãe era um mistério. Ela não estava doente, já que meu pai não tinha chamado o dr. Mélas para uma consulta. Ela não havia brigado nem discutido com ninguém, um vizinho, uma colega, um estranho, na escola Dubouchage, na rua, em uma loja, no cinema. O que a tinha contrariado? Sandrino acabou me cochichando que o marido de minha irmã Émilia a havia deixado. Eles iriam se divorciar.

Divorciar?

Eu não conhecia muito bem minha irmã Émilia. Há anos ela morava em Paris e eu só a encontrava durante nossas estadas na França. Mais de vinte anos nos separavam, não tínhamos muitas coisas para partilhar. Meu pai, que raramente manifestava seus sentimentos, sempre que mencionava sua primogênita, dizia ser ela a preferida de seu coração. Ele citava sua perspicácia, gabava-se de sua inteligência, seu charme e a doçura de sua personalidade, e todos esses elogios eram como flechas lançadas contra a pobre Thérèse, que a família concordava em achar resmungona, feiosa. Minha mãe afirmava, exibindo fotografias de seu álbum, que Émilia era igualzinha a ela. Émilia havia casado com Joris Tertullien,

---

1 Dança popular de origem polonesa, a mazurca crioula se diferencia da mazurca europeia tanto no ritmo quanto nas vestimentas usadas para dançá-la. (N.T.)

2 "Michaud velava a noite em sua cabana." (N.T.)

3 "Vizinho, de onde vem esse barulhão?" (N.T.)

4 "Venha, Messias divino, venha, fonte de vida." (N.T.)

5 "José, meu caro fiel." (N.T.)

o filho de uma figura importante, muito conhecida e muito rica de Marie-Galante. A foto deles estava em destaque sobre o piano. Eles se casaram em Paris, dois estudantes anônimos, para evitar fofocas familiares. Eu sabia que tinham perdido um filho. Eu não me interessava muito por eles. Meus pais estavam extremamente honrados com essa aliança com os Tertullien e a mencionavam sob qualquer pretexto. Aos olhos deles, a união de Émilia e Joris poderia ser comparada àquela dos herdeiros de duas dinastias cujas árvores genealógicas se assemelhavam. No íntimo, para minha mãe, imagino que simbolizava a revanche contra uma ilha que sua mãe havia deixado com sofrimento e pobreza.

Pouco tempo após o casamento de Émilia e Joris, um 15 de agosto, dia da festa do patrono de Grand-Bourg, Thérèse, Sandrino e eu fomos enviados para os Tertullien como testemunho de nossas novas relações familiares. Era minha primeira viagem a Marie-Galante, a minha Desirada. O braço de mar estava revolto. O barco *Delgrès*, que fazia a ligação com La Pointe, estava lotado. Ele subia até a crista da onda, depois descia brutalmente até a depressão. Vários metros mais para baixo. Os passageiros vomitavam em todos os cantos do barco. Os mais prevenidos tinham levado uma provisão de sacos de papel que eles iam tropeçando lançar sobre os corrimões. Com frequência, erravam a mira e o conteúdo dos sacos espatifava no convés. Multidão, movimento, mau cheiro. Eu teria desmaiado se Thérèse não enfiasse constantemente em minha boca rodelas de lima. Depois de três horas e meia de agonia, a ilha apareceu nas águas. Falésias brancas, polvilhadas de casas, pregadas como cabritos nos pontos mais surpreendentes, tinham surgido acima das ondas. O mar se acalmou como que por encantamento e o *Delgrès* pôde encostar com suavidade no píer. O sr. e a sra. Tertullien nos surpreenderam. O oposto de nossos pais. Simples, sorridentes, afáveis. A esposa, arrastando as sandálias, usava um chapéu de palha preso por faixas amarradas no pescoço. O esposo enorme, mas bonachão, rapidamente ganhou minha afeição quando, me levantando do chão, me apelidou de "pérola no estojo". Apesar da acolhida um pouco sem cerimônia, eles moravam na casa mais bonita de *Grand-Bourg* na praça da igreja e, toda manhã, uma fila formava-se diante de sua porta: os suplicantes vinham pedir favores para o senhor Tertullien. Essa semana passada em Marie-Galante foi um encantamento. Os Tertullien, que tinham apenas um filho único, me mimaram o máximo que podiam. Toda manhã, a sra. Tertullien me perguntava seriamente o que eu desejava comer, como a uma princesa de conto de fadas. O sr. Tertullien comprou para mim uma boneca que abria e fechava os olhos. Eu nunca tinha imaginado uma liberdade igual e, quando revi minha mãe emperiquitada com grande pompa no cais de La Pointe, eu estava aos prantos como uma fugitiva que reencontrou sua cela. Muito esperta para enganar-se, ela comentou com melancolia a ingratidão do coração das crianças. Desde então, os Tertullien nos mandavam, frequentemente, por compatriotas de Marie-Galante, cestas cheias de raízes, guandu ou feijão-de-lima e garrafas de rum agrícola de 55 graus que perfumava os bolos de Adélia.

Divorciar?

Aos meus ouvidos, a palavra soava obscena. Ela queria dizer que um homem e uma mulher que haviam se beijado na boca, que haviam dormido grudados sob o mesmo mosquiteiro, iriam cada um para um lado e se comportariam como duas pessoas estranhas. Apesar das recomendações expressas de Sandrino, não pude guardar uma informação dessas só para mim e contei para Yvelise, que acrescentou explicações. Segundo ela, se as duas pessoas tiveram filhos, eles são divididos como galinhas em um galinheiro. As meninas ficam com a mãe. Os meninos partem com o pai. Fiquei indignada diante desse julgamento de Salomão. Retruquei. E se um filho preferisse ficar com a mãe, uma filha partir com o pai? E se um irmão e uma irmã não puderem viver um sem o outro? Yvelise não mudou de ideia. Ela estava por dentro do assunto: sua mãe ameaçava com frequência divorciar-se de seu pai.

Alguns dias depois, minha mãe voltou da escola fora de si. Nós a ouvimos furiosa, demoradamente, em seu quarto. Ela tinha boas razões para estar assim. Na hora do recreio, colegas, sabendo da infelicidade de sua filha, manifestaram-lhe a mais profunda solidariedade. Ela reagiu com arrogância e os esnobou com rudeza. De que infelicidade elas estavam falando? Do divórcio próximo de sua filha? Ora essa! Joris Tertullien, ao deixar Émilia, tinha, uma vez mais, comprovado a irresponsabilidade dos machos antilhanos.

No dia seguinte, um mar de vizinhas inundou nossa casa. Mal minha mãe tinha chegado da escola, as visitas bateram à porta. Enfim, ela permaneceu na sala, sentada bem ereta no sofá de canto até o jantar. As visitas falavam, principalmente, das mães que temiam para seus filhos um destino como esse de Émilia ou que já o lamentavam. Mas contavam também das solteiras, das abandonadas, das mulheres enganadas, das mulheres que apanhavam, todo tipo de amarguradas e revoltadas dispostas a cuspir veneno nos homens. Minha mãe não viu nessa afluência uma marca de solidariedade. Ao contrário, segundo ela, essas mulheres vieram espiá-la na dor que lhe causava a má sorte de sua filha, distrair-se, deliciar-se. Assim, essas visitas a mergulhavam noite após noite em raiva misturada com amargura.

Quando o fluxo de visitas começou a cessar e minha mãe teve tempo para pensar em outra coisa que não manter dignamente seu papel, uma questão se apresentou. Como a informação vazou? Quem tinha deixado escapar uma informação que meus pais tinham a firme intenção de guardar segredo ainda por algum tempo? Minhas lágrimas me entregaram. Lamentando, confessei que tinha confiado à minha inseparável Yvelise. Todos entenderam que Yvelise havia contado essa novidade para Lise, que a julgou muito interessante para guardá-la só para si e a partilhara com suas colegas de Dubouchage. Daí para a frente, tinha se espalhado por toda La Pointe. Para falar a verdade, preciso dizer que nem meu pai nem minha mãe levantaram a mão contra mim. Não fui punida nem apanhei. No entanto, eu estava mais envergonhada e mortificada do que se meu pai tivesse me batido e me desse uma daquelas surras que reservava para Sandrino.

Meus pais repetiram para mim a canção já muitas vezes ouvida. Nós estávamos cercados por todos os lados. Divórcio. Angústia. Doença. Déficit financeiro. Fracasso escolar. Se, mesmo que dificilmente, esses dramas acontecessem, nada deveria transparecer porque senão, como eu acabava de testemunhar, nossos inimigos, sempre à espreita, tirariam vantagem de nossa desgraça. O *leitmotiv* voltou. Como uma garota tão esperta quanto eu não entendia isso? Por que eu tinha tanta má vontade em relação a isso? Eu nunca ouvi pronunciarem uma única palavra de compaixão por Émilia. Nunca soube o que tinha causado o desolador epílogo de sua união com Joris. Na verdade, ninguém estava preocupado. Émilia era culpada. O fracasso de seu casamento com o herdeiro dos Tertullien privou meus pais de um brilho a mais. Ele abria uma brecha na orgulhosa muralha dentro da qual nossa família tinha decidido se proteger. Por essa razão, ninguém podia acolhê-la.

PRI
PLA

EIRO
NO

MINHA MÃE só mantinha relação estreita com um de seus primos de Marie-Galante. Vinte anos mais novo do que ela, ele tinha o nome celestial de Séraphin. Era um garoto gorducho, taciturno e envergonhado que mostrava de longe seu jeito caipira. Em sua boca, o francês tinha ares de crioulo e ele se perdia tanto com os artigos como com os adjetivos possessivos. Meu pai lhe dava de bom grado suas coisas usadas e domingo, quando vinha almoçar em casa, ele aparecia com sapatos recauchutados, camisas com golas e punhos puídos que reconhecíamos. Nunca deixava de trazer um buquê de rosas nos aniversários de minha mãe, que ele acreditava, seriamente, ser sua benfeitora. Esse menino respeitoso era motivo de risos para meus irmãos e irmãs porque nas refeições dominicais, quando minha mãe lhe dizia para repetir, ele sempre respondia, sacudindo educadamente a cabeça:

— Obrigado, prima Jeanne, eu comi a contento!

Eu gostava dele. Acho que tinha um pouco de pena dele. À espera do almoço, já que ninguém se dispunha a conversar com ele, refugiava-se no meu quarto e tirava presentes do bolso: flautas talhadas em hastes de bambu, carros de boi em caroços de abacate, uma vez, um cachimbo da paz brilhante que parecia esculpido em um caroço de lichia. Foi ele, tenho certeza, que despertou em mim a paixão por Marie-Galante. Seu pai era aplainador em Saint-Louis e ele me descrevia como as lascas se enrolavam em cachos ao redor de seu punho com o cheiro de madeira fresca. Também descrevia para mim os cabritos com suas barbichas saltitando entre os arbustos, grutas com paredes vertiginosas como as do inferno e, em volta, o reino violeta do mar. Eu desistia de perguntar-lhe sobre minha mãe. Ele não sabia nada. Quando, aos dezessete anos, ele deixou sua ilha obscura, seus pais tomaram coragem. Encaminharam um pedido a essa parente que nunca tinham encontrado, mas de quem já tinham ouvido falar muito. Foi graças a minha mãe que Séraphin se tornou um funcionário-modelo, subindo todos os postos dos Correios, ela sempre gostava de lembrá-lo.

Ano após ano, vimos Séraphin crescer, como ele nos viu crescer. Nós o vimos encontrar uma esposa. Certo domingo, ele nos trouxe sua prometida Charlotte. Ela não era originária de Marie-Galante, mas de Grands-Fonds, na ilha Grande-Terre. Ela combinava com ele, tinha uma grande barriga e um grande traseiro como ele, em seu vestido grená com mangas bufantes. Era visível que Sandrino, sentado do outro lado da mesa, a paralisava com seus olhos que não deixavam escapar nada e que os modos de meus pais a aterrorizavam. Com medo de cometer o menor erro de gramática, ela ficou de boca fechada durante toda a refeição. Resignou-se a pronunciar apenas algumas palavras inaudíveis quando lhe oferecemos uma segunda vez a língua de boi com alcaparras da qual Adélia se orgulhava tanto. Depois de muita discussão, a família acabou por concluir que ela havia murmurado:

— Estou satisfeita.

Como as tarefas difíceis sobravam para mim, meus pais me arrastaram para o casamento de Séraphin e Charlotte. A benção nupcial lhes foi dada na igreja Saint-Jules em um bairro chamado Assainissement.[1] Eu nunca ia além da Place de la Victoire e

---

1 Saneamento. (N.T.)

só ultrapassava o canal Vatable de carro, quando íamos mudar de ares em Sarcelles. Portanto, era a segunda vez que eu estava em um bairro popular. O bairro Assainissement oferecia um estranho mosaico. Era ao mesmo tempo um amontoado de casas miseráveis de madeira não pintada, às vezes até mesmo feitas de cascalho, e um gigantesco canteiro de onde, esperávamos, sairiam prédios modernos, um grande hotel, o prédio do Banco de Guadalupe, uma clínica. A igreja Saint-Jules, com sua fachada de madeira lavada pelas intempéries e seu teto em forma de casco de navio, era, aos meus olhos, uma maravilha. Apesar de seu entorno miserável, ela me pareceu um lugar de devoção sincero e sem afetação. Transbordava de flores frescas, lírios, nardos, gardênias, e deixava passar toda a luz do dia por suas altas persianas cortadas em ogiva. A família de Séraphin e Charlotte, duas turmas que totalizavam cada uma uns cinquenta membros, estava ridiculamente emperiquitada. No entanto, eu não tinha vontade de rir daqueles tafetás e rendas. Pelo contrário. Eu sentia uma profunda simpatia pelas meninas da minha idade, os cabelos enrolados com ferros fervendo e vaselina branca. Cheias de si em seus vestidos de cetim chamalote e seus sapatos de verniz e salto alto. Eu gostaria de misturar-me a elas. Teria gostado de subir em um dos carros de aluguel que, assim que a cerimônia terminasse, conduziria as bodas para Grand-Fonds. Eu imaginava o jantar de Gargantua, chouriço, colombo[2] de cabrito, polvo, moluscos, rum a rodo, risadas, a orquestra tocando as *biguines* endiabradas. Em comparação, todas as diversões que eu já tinha vivido me pareciam sem graça. Pouco depois do casamento deles, Séraphin e Charlotte desapareceram. Minha mãe nos contou que Séraphin tinha sido transferido para muito longe de La Pointe, no norte da ilha Grande-Terre. Em Anse-Bertrand ou no Petit-Canal. Durante muitos anos, minha mãe recebeu deles uma grande quantidade de fotos que ela datava e organizava em seus álbuns.

---

2 Prato das Antilhas à base de carne e legumes, temperado e perfumado por uma mistura de temperos: o pó de colombo. (N.T.)

Fotografias de seus filhos, meninos nascidos um após o outro. No início, podíamos admirá-los nus dormindo de barriga para baixo. Depois, estavam em roupas de marinheiros plantados sobre suas pernas grossas. Em um mês de julho, quando passávamos uma temporada de mudança de ares em Sarcelles, uma carta anunciou para minha mãe que Séraphin dirigia o escritório do correio de Sainte-Marie. Ela achou aquilo uma boa notícia. A distância de Sainte-Marie para Sarcelles era de apenas quinze quilômetros, mais ou menos. Naquela época, em Guadalupe, as visitas não avisavam que estavam indo. Os parentes próximos, ou nem tão próximos, os íntimos, os conhecidos chegavam sem prevenir e esperavam ser recebidos com um sorriso. Milagrosamente, era sempre assim que acontecia. Assim, um domingo após a missa, minha mãe achou muito natural fazermos uma surpresa a Séraphin e Charlotte. Carregamos cestas com raízes e frutas do pomar, laranjas de Bourbon, figos-maçã, graviola para o Citroën. Carmélien, nosso funcionário faz-tudo, instalou-se na direção. Afinal, meu pai tinha cataratas que lhe azulavam as pupilas e havia desistido de dirigir. Foi preciso mais de uma hora para cruzar os poucos quilômetros que ladeavam o mar. A estrada era bastante irregular, sinuosa. Minha mãe, com medo, vigiava atentamente a agulha do velocímetro. Sainte-Marie teria sido apenas um ponto de pouca importância no mapa do país se a caravela de Cristóvão Colombo não tivesse atracado ali em 1493. Por causa disso, uma estátua de corpo inteiro de nosso Descobridor se erguia bem no centro de uma pequena praça batizada de Place du Souvenir. Séraphin e Charlotte moravam atrás do escritório dos Correios, uma casa bastante malcuidada, a entrada entulhada de bicicletas e de todo tipo de aparelhos sem uso. Apesar de Carmélien buzinar, minha mãe gritar, ninguém apareceu à porta. De repente, ela decidiu entrar, eu colada a ela, pareceu-nos desde a soleira da porta que algo não ia bem. A sala estava em um estado de sujeira e desordem além da imaginação: um verdadeiro chiqueiro. Um gemido entrecortado de queixas violentas e de gritos roucos saía de um dos quartos. Era como se fossem os últimos momentos de um leitão, ele perdia sangue pendurado pelos pés acima de uma cuba. Preocupada, minha mãe ergueu a voz:

— Alguém em casa?

Por fim, Séraphin surgiu de um dos cômodos. Um avental de açougueiro amarrado na cintura, barbudo, cabeludo, o rosto inchado, ele tinha engordado mais. Ao reconhecer minha mãe, ele pareceu surpreso e começou a chorar:

— Prima Jeanne! Prima Jeanne!

O fato é que exatamente naquele momento Charlotte dava à luz o seu quarto filho. Como era domingo, Séraphin não tinha conseguido encontrar a parteira. Charlotte perdia litros de sangue, estava exausta, não conseguia mais fazer força. Ajudado pela empregada, Séraphin estava muito empenhado, mas em vão. Eu já disse que não faltava segurança a minha mãe. Sem vacilar, deixou sua bolsa, tirou seu chapéu e seguiu Séraphin em direção ao quarto. Eu fiquei hesitante na sala, me perguntando o que deveria fazer. Havia vários livros sobre as prateleiras de uma velha estante. Mas será que eu poderia sentar e começar a ler em uma circunstância daquelas? Foi então que escutei risadas, cochichos sufocados. Abri uma outra porta. De pé em cima da cama, três crianças, nem mais altas, nem mais gordas do que os tufos do capim-guiné, se mexiam rolando de rir diante de um orifício na parede. Quando me viram, correram em todas as direções. Aproximei-me. Imitei-os e colei meu olho no orifício. Eu que vivia com os olhos vendados, eu a quem minha mãe nunca dizia nada, nem de regras nem de menstruação; eu que tive que acreditar nos boatos de Yvelise para descobrir que as crianças não nasciam de repolhos, vestidas com casacos rosa ou azuis, vi com meus dois olhos, em primeiro plano, tamanho natural, um parto. Um cheiro de fazer vomitar entrou por minhas narinas. Enorme, como um balão dirigível, Charlotte jazia desconjuntada em sua cama. Seu centro, escancarado como um esguicho, jorrava sangue, de sua boca saía uma queixa contínua,

"*An moué! An moué!*",[3] interrompida a intervalos regulares por urros de gelar a alma. Uma empregada, também com um avental de açougueiro, corria em volta da cama soluçando e revirando as mãos. Minha mãe se enrolou em uma toalha, afastou todo mundo e gritou com autoridade:

— *Ou kaye pousé à pwézan!*[4]

Foi a primeira vez que a ouvi falar em crioulo. Apesar do cheiro fétido, apesar de todo aquele sangue, um terrível fascínio me prendia àquele orifício. Eu disputava o espaço com as três crianças, que voltaram à carga e que pretendiam aproveitar todos os detalhes do espetáculo. No momento, Charlotte berrava sem parar. Eu vi aparecer a cabeça da criança. Eu a vi sair. Eu a vi inteira, como uma minhoca, viscosa de húmus e de matérias fecais. Escutei seu primeiro grunhido enquanto Séraphin exclamava fora de si:

— *An ti fi! Mèsi Bon Dié!*[5]

Então, incapaz de suportar mais, fui perdendo suavemente os sentidos. As crianças me fizeram recobrar os sentidos jogando, sem dó, uma jarra d'água no meu rosto. Quando, a ordem restabelecida, o recém-nascido em seu moisés, a parturiente de camisola de seda, minha mãe e eu nos encontramos frente a frente, ela suspirou:

— Que visita! Minha pobre querida, o que você ficou fazendo esse tempo todo?

Fingi que tinha lido um romance que estava jogado por lá. Tenho certeza de que ela não se deixou enganar. Eu ainda tinha a aparência transtornada, a voz fraca e as pernas cambaleantes. Ela logo mudou o tema da conversa e passou a criticar a maneira como Séraphin e Charlotte mantinham a casa. Será que eu tinha visto aquela sujeira? Será possível que o bom exemplo que ela lhes havia dado durante anos não havia servido para nada? Quando contei a

---

3 "Socorro! Socorro!" (N.A.)

4 "Empurre agora!" (N.A.)

5 "Uma menina! Obrigado, Deus!" (N.A.)

história toda a Sandrino, ele ficou extremamente mortificado por não ter estado presente. De uma tacada só, a caçula o tinha passado para trás. Eu havia tido uma experiência rica que ele estava longe de ter. A criança que nasceu naquele dia foi batizada de Maryse. Fui escolhida para ser a madrinha.

CAM
DA ES

INHO
COLA

EU DEVIA ter treze anos. Mais uma temporada na "metrópole". A terceira ou quarta desde o final da guerra. Eu estava cada vez menos convencida de que Paris era a capital do universo. A despeito da existência regrada como uma partitura que eu levava, La Pointe, aberta para o azul da baía e do céu, me fazia falta. Eu sentia saudades de Yvelise, de meus colegas da escola e de nossas deambulações sob os açacus da Place de la Victoire, única distração que nos era permitida até as seis horas da tarde. Porque, então, a escuridão se instalava e, segundo meus pais, tudo poderia acontecer. Vindos lá dos lados do canal Vatable, negros de sexualidade voraz poderiam se aproximar das virgens de boa família e desrespeitá-las com palavras e gestos obscenos. Em Paris, eu também sentia falta das cartas de amor que, apesar de todas as barreiras erguidas a minha volta, os meninos conseguiam me enviar.

Paris, para mim, era uma cidade sem sol, uma prisão de pedras áridas, um encavalamento de metrô e ônibus onde as pessoas comentavam sem constrangimento sobre mim:

— Ela é bonitinha, a negrinha!

Não era a palavra "negrinha" que me exasperava. Naquela época, ela era comum. Era o tom. Surpresa. Eu era uma surpresa. A exceção de uma raça que os Brancos se obstinavam a acreditar repulsiva e bárbara.

Naquele ano, como meus irmãos e irmãs tinham ido para a universidade, eu estava bancando a filha única, papel pesado para mim, pois implicava uma sobrecarga de atenção maternal. Eu era aluna do Lycée Fénelon, a dois passos da Rue Dauphine onde meus pais tinham alugado um apartamento. Nesse colégio de prestígio, mas austero, me indispus com todas as professoras, como de costume, por minhas insolências. Por outro lado, e pelas mesmas razões, ganhei o status de agitadora e fiz várias amigas. Nós passeávamos em bando em um quadrilátero delimitado pelo Boulevard Saint-Germain, Boulevard Saint-Michel, as margens do Sena e as galerias de arte da Rue Bonaparte. Parávamos diante do teatro Tabou, onde ainda pairava a lembrança de Juliette Gréco. Folheávamos os livros na La Hune. Espreitávamos Richard Wright, denso como um monge na varanda do café Tournon. Não tínhamos lido nada dele. Mas Sandrino havia me falado de seu engajamento político e de seus romances: *Black Boy*, *Native Son* e *Fishbelly*. O ano letivo finalmente terminou e a data de retorno para Guadalupe se aproximava. Minha mãe comprou tudo o que podia ser comprado. Assim, meu pai enchia metodicamente grandes baús de ferro pintados de verde. No Lycée Fénelon, a bagunça e a preguiça eram práticas desconhecidas. No entanto, tendo cumprido os programas, sentíamos um certo sabor de leveza, até mesmo de alegria, nas salas de aula. Um dia, a professora de francês teve uma ideia:

— Maryse, faça a apresentação de um livro de sua terra para nós.

A srta. Lemarchand era a única professora com quem eu tinha me dado muito bem. Mais de uma vez, ela me deu a entender que suas aulas sobre os filósofos do século XVIII eram especialmente destinadas a mim. Era uma comunista cuja foto tínhamos visto na primeira página do *L'Huma*[1] que passamos de mão em mão. Não

---

1 O jornal francês de esquerda *L'Humanité*. (N.T.)

sabíamos exatamente do que tratava a ideologia comunista, de que se falava em todo canto. Mas nós a imaginávamos em completa contradição com os valores burgueses que o Lycée Fénelon encarnava aos nossos olhos. Para nós, o comunismo e seu jornal *L'Huma* cheiravam a enxofre. Acho que a sra. Lemarchand acreditava compreender as razões de meu mau comportamento e propunha que eu as examinasse. O fato de me convidar para falar de minha terra não era apenas para nos distrair. Ela me oferecia a oportunidade de me libertar daquilo que, segundo ela, pesava em meu coração. Contudo, essa proposta muito bem-intencionada me fez mergulhar em um abismo de confusões. Estávamos, é bom lembrar, bem no início dos anos 1950. A literatura das Antilhas ainda não florescia. Patrick Chamoiseau dormia no fundo da barriga de sua mãe, e eu nunca nem tinha ouvido pronunciar o nome de Aimé Césaire. Sobre qual autor da minha terra eu poderia falar? Corri na direção de minha solução habitual: Sandrino.

Ele tinha mudado muito. Sem que soubéssemos, o tumor que o levaria o corroía malignamente. Todas as suas amantes o haviam abandonado. Sandrino vivia em uma solidão extrema no nono andar sem elevador de um lastimável quarto mobiliado da Rue de l'Ancienne-Comédie. Afinal, na esperança de levá-lo para os anfiteatros da faculdade de direito, meu pai lhe havia cortado as provisões. Ele subsistia bem mal com o dinheiro que minha mãe lhe enviava escondido; emagrecido, ofegante, sem forças, batendo com três dedos em uma máquina de escrever capenga manuscritos que, invariavelmente, os editores lhe devolviam com respostas prontas.

— Eles não me dizem a verdade — reagia. — São as minhas ideias que lhes dão medo.

Pois, claro, ele também era comunista. Uma foto de Ióssif Stálin com seu grande bigode decorava sua parede. Ele tinha até ido a um Festival Mundial da Juventude Comunista em Moscou e voltara fascinado pelos domos do Krêmlin, pela Praça Vermelha e pelo mausoléu de Lênin. Como no passado, ele não me deixava ler seus romances e eu me esforçava, sem sucesso, para decifrar os títulos escritos na parte de trás das pastas cheias de orelhas. Para mim, ele se empenhava, apesar de tudo, em reencontrar seu sorriso iluminado e ter atitudes tranquilizadoras de irmão mais velho. Nós vasculhamos seus livros empilhados em desordem sobre os móveis e na poeira do chão. *Gouverneur de la rosée*,[2] de Jacques Roumain. Era do Haiti. Seria preciso explicar o vodu e falar sobre um monte de coisas que eu não conhecia bem. *Bon Dieu rit*, de Edris Saint-Amant, um de seus últimos amigos, haitiano também. Havíamos quase perdido a esperança quando Sandrino se deparou com um tesouro. *La Rue Cases-Nègres*, de Joseph Zobel. Era da Martinica. Mas a Martinica é a ilha irmã de Guadalupe. Levei *La Rue Cases-Nègres* e me tranquei com José Hassan.

Aqueles que não leram *La Rue Cases-Nègres* talvez tenham visto o filme que Euzhan Palcy fez a partir do livro. É a história de um daqueles *petits-nègres* que meus pais tanto temiam, que cresceu em uma plantação de cana-de-açúcar entre os tormentos da fome e das privações. Enquanto sua mãe trabalhava na casa dos *békés*[3] da cidade, ele era educado com o sacrifício de sua avó Man Tine, *ammareuse*[4] com seu vestido coberto de remendos. Sua única saída era a instrução. Felizmente, ele era inteligente. Trabalhava bem na escola e se preparava para tornar-se um pequeno burguês no momento exato em que sua avó morreu. Eu chorava aos cântaros lendo as últimas páginas do romance, na minha opinião, as mais lindas que Zobel escreveu. "Eram as suas mãos que me apareciam sobre a brancura dos lençóis. Suas mãos negras, inchadas,

---

2 No Brasil, a primeira tradução, *Donos do orvalho*, de 1954, foi feita por Jorge Amado (Editorial Vitória). Em 2020, a editora Carambaia lançou uma nova tradução, de Monica Stahel, com o título *Senhores do orvalho*. (N.T.)

3 Nas Antilhas Francesas, "béké" ou "zoreilles" são os grandes proprietários brancos que vivem entre eles em uma comunidade seletiva, em geral nascidos nas ilhas, descendentes dos primeiros colonizadores. (N.T.)

4 Mulher que amarra os feixes de cana-de-açúcar na colheita. (N.A.)

endurecidas, rachadas em cada dobra, e em cada dobra estava incrustrada uma lama indelével. Dedos cheios de crostas, desviados para todos os lados; as pontas gastas e reforçadas por unhas espessas, mais duras e disformes que cascos." Para mim, essa história era completamente exótica, surrealista. De uma só vez caía sobre as minhas costas o peso da escravidão, do tráfico de escravos, da opressão colonial, da exploração do homem pelo homem, dos preconceitos de cor sobre os quais ninguém, com a exceção, às vezes, de Sandrino, nunca havia me falado. É claro que eu sabia que os Brancos não frequentavam os Negros. Contudo, atribuía isso, como meus pais, à burrice e à cegueira insondável deles. Assim, Élodie, minha avó materna, era aparentada com os *blancs-pays* que, sentados a dois bancos da igreja do nosso, nunca viravam a cabeça em nossa direção. Azar deles! Pois se privavam da felicidade de ter entre suas relações alguém como minha mãe, a pessoa de sua geração que deu certo. Eu não podia de maneira alguma apreender o universo funesto da plantação. Os únicos momentos em que pude encontrar o mundo rural se limitavam às férias escolares que passávamos em Sarcelles. Meus pais eram donos, nesse lugar então tranquilo de Basse-Terre, de uma casa de campo e de uma bela propriedade que cortava pelo meio o rio que dava nome ao lugar. Lá, por algumas semanas, todo mundo, com exceção de minha mãe — sempre em seu canto, cabelos cuidadosamente alisados sob sua redinha e colar com pendente em volta do pescoço —, entrava no papel do *bitako*. Como não tinha água corrente, nós nos esfregávamos com folhas, pelados perto da cisterna. Fazíamos nossas necessidades em um *toma*.[5] À noite, nos iluminávamos com lampiões de petróleo. Meu pai enfiava uma calça e uma camisa de sarja cáqui, cobria a cabeça com um *bakoua*[6] e se armava de um cutelo com o qual ficava cortando as gramas-de-guiné.

---

5 Penico feito de argila. (N.A.)

6 Chapéu de palha típico de Guadalupe e da Martinica. (N.T.)

Nós, as crianças, loucas de felicidade por liberar nossos dedos dos pés e poder sujar ou rasgar nossas velhas roupas, despencávamos nas savanas à procura de ameixas pretas e goiabas rosa. Os campos verdes de cana pareciam nos convidar. Às vezes, intimidados por nossa aparência de pequenos cidadãos e nossa fala em francês, um cultivador nos estendia, respeitosamente, uma cana do Congo, da qual mordíamos a casca violácea com vontade.

No entanto, eu tive medo de confessar isso tudo. Tive medo de revelar o abismo que me separava de José. Diante daquela professora comunista, diante da classe toda, as verdadeiras Antilhas, eram elas que eu deveria conhecer. Eu começava a me revoltar, pensando que a identidade é como uma roupa que é preciso vestir de boa vontade, de má vontade, servindo ou não. Depois, cedi à pressão e vesti a roupa velha que me era oferecida.

Algumas semanas mais tarde, fiz diante de uma classe absorta uma apresentação brilhante. Há dias, minha barriga atravessada de roncos de fome, estava estufada. Minhas pernas estavam arqueadas. Meu nariz estava cheio de secreção. Minha cabeleira tornou-se avermelhada sob efeito do sol. Eu tinha me tornado Josélita, irmã e prima de meu herói. Era a primeira vez que eu devorava uma vida. Logo, eu tomaria gosto.

Hoje, tudo me leva a crer que aquilo que chamei mais tarde, um pouco pomposamente, de "meu engajamento político" nasceu daquele momento preciso, de minha identificação forçada com o infeliz José. A leitura de Joseph Zobel, mais do que os discursos teóricos, abriu meus olhos. Compreendi, então, que o meio ao qual eu pertencia não tinha nada de nada a oferecer, e passei a odiá-lo. Por causa dele, eu não tinha sabor nem cheiro, era uma cópia piorada dos amiguinhos franceses com os quais convivia.

Eu era "pele negra, máscara branca" e foi para mim que Frantz Fanon escreveu.

NA

ÉRIAS
ATA

NAQUELE ANO, a artrose de minha mãe fez com que meus pais se decidissem por deixar Sarcelles e passar a temporada de mudança de ares em Gourbeyre, por causa das águas de Dolé-les--Bains sobre as quais se falava muito bem. Recebi a ideia com entusiasmo, pois, depois de algum tempo, Sarcelles tornou-se familiar demais para mim. Eu conhecia todos os caminhos e desvios, a correnteza seguida pelas sanguessugas no rio, as terras onde cresciam goiabas e ameixas pretas e o gosto de cada qualidade de manga de suas mangueiras: manga *fil*, manga Amélie, manga Julie, manga *bèf*, mangas-maçã, mangas enxertadas. Quando eu era pequena, além de Sandrino, meus companheiros de brincadeiras haviam sido os três filhos sem mãe do guarda. Agora, tínhamos crescido e eu não sabia mais brincar. Gourbeyre fica ao sul de Basse-Terre. Eu me lembro de que era preciso um dia inteiro para chegar lá, apesar de não ser distante de La Pointe mais do que sessenta ou setenta quilômetros. Minha mãe me acordou quando chegou da missa da aurora e pegamos a estrada no início do dia, o carro carregado de cestas, malas, baús. Uma verdadeira mudança! Até passarmos por Rivière-Salée, o trajeto foi, de início, sem surpresas. Uma estrada agradável e plana. Um horizonte de morros verdejantes recortados contra o céu. Pontes suspensas acima dos rios adormecidos. Cabritos saltitantes de orelhas em pé. Bois com corcova mugindo melancólicos à passagem dos carros. De repente, na entrada de Capesterre, que ainda não havia sido batizada de Belle-Eau, o insólito de um templo indiano salpicado de cores de Mayèmin, me arrancou da sonolência. Isto também era Guadalupe?

No entorno, a paisagem começou a mudar. Os morros arredondaram suas barrigas, bananeirais com folhas longas brilhantes tomaram o lugar dos campos de cana-de-açúcar e se sobrepunham nas alturas. A água das cachoeiras inundava o acostamento da estrada. O ar era refrescante. Depois de uma curva, nos deparamos com um panorama da baía das Santas, Terre-de-Haut, Terre-de-Bas, sentadas em círculo sobre o azul do mar. Eu observava intensamente e tinha a intuição de que havia nascido, sem saber, em um paraíso terrestre. A aparência da casa que meus pais haviam alugado em Gourbeyre era um tanto modesta. O que chateou minha mãe não foi o fato de que ela precisava de uma boa pintura, nem de sua varanda ser muito estreita ou de que a água não subia para a ducha ou ainda que os banheiros ficassem em um infame canto no fundo do quintal e que as torneiras da cozinha vazavam. O problema era que a casa confinava com um armazém, pouco mais largo que a palma da mão, mas bem abastecido, onde se vendia de tudo: biscoitos de tapioca, farinha de mandioca, bacalhau, querosene, lápis com borracha e, principalmente, doses de rum agrícola para a mais pura felicidade dos beberrões da vizinhança. Percebemos no dia seguinte, ao despertarmos, quando um cliente que já tinha saído começou a bater boca com a moça do caixa. Resumindo, a questão era simples. Como tantos outros turistas do mundo todo, meus pais tinham sido ludibriados por uma publicidade enganosa. A "vista panorâmica" do anúncio dava para uma parede, e os "cinco minutos da praia" eram de fato 45 minutos a pé. Se eles sentiram o desprezo tão cruelmente foi porque, ao se verem apertados em um espaço de quatro cômodos, na verdade quase uma cabana contígua a um *lolo*, eles se sentiram rebaixados. Na aparência, eles haviam descido ao nível dos *petits-nègres*. Segundo a rígida geografia social daquela época, as regiões Trois-Rivières, Gourbeyre e Basse-Terre pertenciam aos mulatos. Saint-Claude e Matouba eram os feudos dos *blancs-pays* que os disputavam com os indianos. Quanto aos meus pais, eles tinham o lugar deles em Grande-Terre. Foi lá que os negros tinham progredido, onde se impuseram na política assim como em outros domínios. Como eu era nova demais, não saberia dizer se nos fizeram entender, deliberadamente, que deveríamos partir para o lugar de onde vínhamos. O que sei é que fomos ignorados. Apesar de meus pais terem um Citroën C4; apesar de minha mãe atar ao pescoço o seu colar de bolas de ouro e meu pai se pavonear com sua fita da Legião de Honra que tinha tanta importância em La Pointe, ninguém prestava atenção a nós. Protegidos pelos guarda-sóis, todos se apertavam as mãos, se beijavam, conversavam no adro da igreja ao sair da grande missa. Nós nos insinuávamos na multidão sem receber nem dar bom-dia. Ao sereno, meus pais passeavam ao longo dos portões das elegantes casas que jamais se abriam para eles, em seguida voltavam para sentar-se na lastimável varanda de sua casa alugada, o tempo que os mosquitos permitissem. Eles se deitavam às nove horas, depois de ter bebido uma infusão de citronela. Em sua frustração, contra a opinião de meu pai que considerava a situação em termos filosóficos, minha mãe polemizava com a sra. Durimel, a dona da casa. Uma proprietária que regularmente, em pleno almoço, enviava seu moleque de recados nos entregar uma carta tão incendiária quanto a que tinha recebido. Essa troca epistolar durou toda a nossa estada. No final de duas semanas, a sra. Durimel consentiu em fazer alguns reparos. Mas a água do chuveiro se recusava, obstinadamente, a gotejar no chuveiro e, pelo sim pelo não, nós nos lavávamos no quintal com baldes e bacias. As coisas tomaram um rumo mais dramático quando Marinella, a empregada doméstica contratada junto com a casa, colocou o ferro quente demais no peito de uma camisa de meu pai. Minha mãe decidiu descontar de seu salário, o que fez com que Marinella lhe entregasse seu avental e, escoltada pela sra. Durimel, viesse na hora da refeição cobri-la de injúrias. Era inimaginável. Em La Pointe, todo mundo abaixava a cabeça diante de minha mãe.

Eu adorava Gourbeyre. Finalmente, eu estava anônima. Lá, ninguém me conhecia, ninguém prestava atenção em mim. Eu podia correr sem sapatos na rua se tivesse vontade. Três vezes por semana, enquanto meu pai ficava relendo *O conde de Monte Cristo*, minha mãe subia para tomar as águas em Dolé-les-Bains e me levava com ela. O que poderia ter sido uma tarefa árdua tornou-se um encantamento. Num lugar que parecia o castelo da Bela Adormecida ficava o grande hotel recentemente reformado. Era uma enorme construção de madeira pintada de verde, rodeada de sacadas. Uma vez, consegui entrar e descobri espelhos sem aço, tapetes com franjas e móveis pesados de jatobá metade roídos por cupins. Seguindo minha mãe de longe, caminhei sob a sombra das árvores minadas de epífitas, sentindo o cheiro morno do húmus, até um tanque poeticamente denominado Banho de Amor. Enquanto ela entrava com cautela para mergulhar suas pernas, eu virava para me perder sob a abóboda de cactos candelabros e acácias-de-constantinopla. Eu batia os pés nas raízes erguidas como arcos ou muletas. Tomava sol esticada sobre o tapete de musgo e líquen e despertava de sobressalto quando, louca de preocupação, minha mãe gritava meu nome para todo lado. Não lembro mais como acabei me ligando a Jean e Jeannette, dois gêmeos que moravam na vizinhança. A casa térrea deles era de aparência pífia, eles eram os filhos de um caminhoneiro de Gourbeyre-Basse-Terre-Saint-Claude, que dirigia seu caminhão praguejando como soldado. Meus pais não eram, portanto, muito favoráveis a essa amizade. Mas, devido ao meu isolamento, eles não podiam me impedir de conviver com eles. No entanto, eles me proibiram de fazer uma excursão ao maciço de la Soufrière, uma outra a Trace-des-Étangs, e eu fiquei muito brava.

Cada vez eu suportava menos a maneira como controlavam minha vida. Para me acalmar, autorizaram-me a acompanhar os gêmeos em uma tarde literária organizada na paróquia.

O programa não era exatamente excitante. Declamação de poemas de Emmanuel-Flavia Léopold e de uma tal Valentine Corbin, que havia louvado Dolé-les-Bains; uma ou duas cenas da peça *O doente imaginário*. No entanto, eu estava no sétimo céu entre Jean e Jeannette, a boca cheia de *doukouns*. A sala estava lotada. Pais, mães, irmãos, irmãs, tios, tias, arrumados, se apressavam para aplaudir o talento de seus jovens parentes. À espera do espetáculo, a plateia gargalhava, conversava, contava piadas. Finalmente, a cortina se abriu. Eu ouvi o verso açucarado que todos nós tínhamos aprendido de cor na escola primária:

> *Eu nasci em uma ilha apaixonada pelo vento*
> *Onde o ar tem cheiro de açúcar e de canela...*[1]

Ao mesmo tempo, o barulho, a alegria. Por comparação, eu acreditava entender o que faltava a meus pais. Essas mulheres, essas mulatas, não eram mais bonitas do que minha mãe, apesar da pele mais clara e da opulência de suas cabeleiras arrumadas com primor. Os dentes que apareciam em seus sorrisos não eram mais perolados. A pele delas não era mais aveludada. Elas não estavam mais bem-vestidas. Suas joias não eram mais pesadas ou ricamente trabalhadas. Esses homens, esses mulatos, não eram mais vaidosos que meu pai. No entanto, eles tinham algo que sempre lhes faria falta. Meus pais nunca eram naturais. Poderíamos dizer que eles se esforçavam constantemente para dominar, controlar alguma coisa escondida no interior deles mesmos. Alguma coisa que a qualquer momento poderia escapar-lhes e causar os piores estragos. O quê?

---

1 “*Je suis né dans une île amoureuse du vent/ Où l'air a des odeurs de sucre et de cannelle...*” (N.T.)

Eu me lembrava das palavras de Sandrino, as quais eu ainda não tinha compreendido direito o sentido:

— O papai e a mamãe são dois alienados.

Eu sentia que tocava no âmago do problema.

A estada em Gourbeyre durou seis semanas, as seis semanas do tratamento. De volta a La Pointe, minha mãe enterrou essa lembrança nos confins de sua memória e só se expressava sobre isso por suspiros, mímicas e balanços de cabeça. Para mim, ao contrário, foi fonte de histórias mais e mais mágicas que iriam encher os ouvidos de Yvelise.

LIBER
PARA
NÓS?

ADE

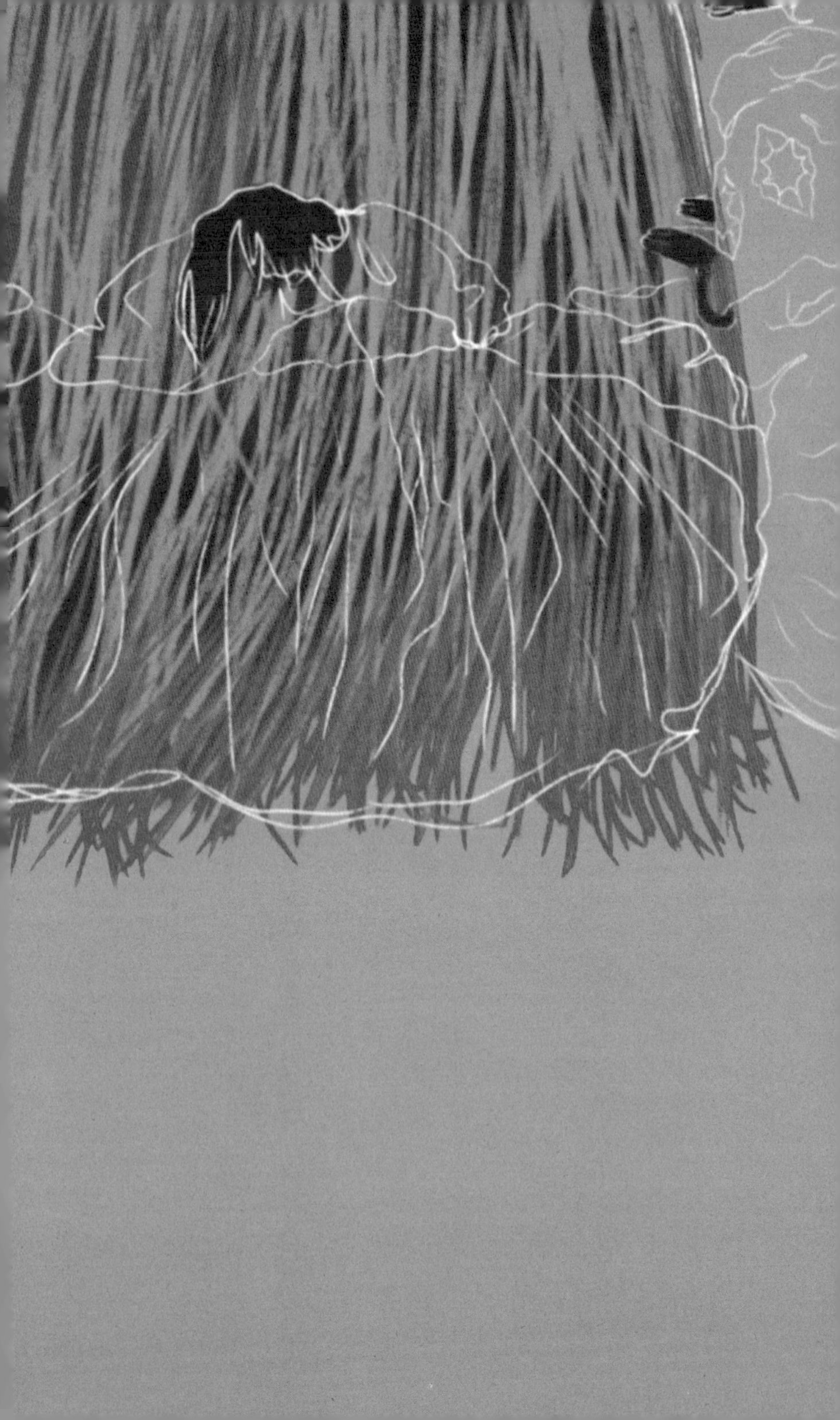

NO MEU aniversário de dezesseis anos, meus pais me deram de presente uma bicicleta, na verdade uma mobilete: uma linda máquina azul com paralamas prateados. E, então, cresceram-me asas. A estada em Dolé-les-Bains me fez querer abrir a gaiola dentro da qual eu estava fechada desde meu nascimento. Eu me dera conta de que não conhecia minha terra. Eu me dera conta de que só conhecia de La Pointe um pequeno quadrilátero. Como a cada dia eu ficava mais teimosa, meus pais entenderam que deveriam me permitir respirar um pouco de ar. Com 78 anos, meu pai havia praticamente perdido a visão. Se fios invisíveis o guiavam quando estava dentro de sua casa, uma vez fora dela, tudo parecia embaralhar-se. Ele não podia atravessar as ruas nem encontrar seu caminho. Minha mãe não tinha a menor paciência com ele, que acabou se refugiando em Sarcelles, único lugar onde se sentia bem e, como um *soubawou*,[1] passava os dias sem trocar de roupa ou se lavar. Quanto a minha mãe, não era mais a mesma. Após uma gripe forte, ficou quase careca e cobria sua testa com perucas desajei-

---

1 Em crioulo, refere-se a uma pessoa selvagem, que tem um comportamento rude, grosseiro. (N.T.)

tadas de um preto nanquim que contrastava com o resto de seus cabelos grisalhos. Sua devoção tinha atingido extremos que a morte de Sandrino, menos de um ano mais tarde, acentuou ainda mais. Ela não perdia nem missa da aurora, nem missa solene, nem missa baixa, nem missa cantata, nem vésperas, nem rosário, nem ofício das trevas, nem caminho da cruz, nem mês de Maria. Fazia novenas, penitências, jejuns, rolava as contas de seu terço, de seu rosário, confessava-se, comungava. Quando não estava ocupada com sua devoção, ela brigava comigo. Por um sim, por um não. Por um não, por um sim. Eu não me lembro mais o que causava essas discussões constantes. Só me lembro de que eu tinha sempre a última palavra. Eu a dilacerava com minha língua afiada e ela terminava, invariavelmente, desfazendo-se em lágrimas e gaguejando:

— Você é uma víbora!

Pobre de mim! O sentimento de embriaguez dos meus dez anos havia desaparecido. Essas lágrimas tinham se tornado um espetáculo cotidiano e banal que, de repente, não chamava mais a minha atenção. Meus primeiros anos tinham sido ensolarados pela presença de meus irmãos e irmãs, secretamente em oposição a meus pais. Minha adolescência tinha a cor de um final de vida. Eu estava diante de dois velhos corpos dos quais não entendia os temperamentos. Em nossa casa reinava uma atmosfera de vigília fúnebre. O segundo andar tinha sido condenado. Portas e janelas trancadas, já que ninguém morava mais ali. Eu vagueava miseravelmente por uma fileira de cômodos vazios: o quarto de Thérèse, o de Sandrino. Folheava livros cobertos de poeira sobre as estantes. Abria armários nos quais ainda restavam roupas velhas. Eu me sentava sobre as camas com os estrados quebrados. Era como se eu perambulasse em um cemitério para me relembrar daqueles que havia perdido. No momento, Sandrino acabava de ser admitido no hospital de Salpêtrière. Minha mãe se convencia de que sua doença era benigna, mas já adivinhava o final. Ela não tinha força para ir à França vê-lo, e a lembrança dele a desesperada. Thérèse se vingava. Ela nos endereçava curtas e raras cartas. Tinha se casado com um estudante de medicina africano, que era filho de um médico muito conhecido em seu país. No entanto meus pais, tão sensíveis ao prestígio, não tinham apreciado. Primeiro, porque desde a infância eles não apreciavam nada do que Thérèse fazia. Depois, porque a África é muito longe, do outro lado do mundo. Minha mãe falava de ingratidão e de egoísmo. Ela não tinha nem mesmo se disposto a colocar sobre o piano as fotografias de Aminata, apesar de ser sua primeira neta.

Com quinze anos, eu me olhava no espelho e me achava feia. Feia de chorar. No alto de um corpo que era um varapau, um rosto triste e fechado. Os olhos rasgados de leve. Os cabelos pouco volumosos e despenteados. Os dentes da frente afastados. Único trunfo: uma pele de veludo que a acne não ousava atacar. Nenhum menino virava a cabeça na minha direção, o que me entristecia, pois eu tinha começado a apreciar os garotos bonitos. Gilbert Driscoll havia se tornado um fortão sem graça com os cabelos penteados para trás, que se exibia para as garotas do bairro. Eu tinha poucas amigas, assim como admiradores. Yvelise deixara a escola para trabalhar com o pai. Não nos frequentávamos mais, e minha mãe falava mal dela, dizia que saía com vários homens e logo, logo arrumaria uma barriga. Na escola eu estava mais impertinente do que nunca, professores e alunos tinham medo de mim. Isolada, eu afiava críticas que lançava como epigramas, continuamente, contra todos. Eu me preparava para fazer o exame final, um pouco adiantada para a idade, e parecia a encarnação da inteligência associada à maldade.

Quando ganhei minha mobilete, não precisava de mais ninguém. Não me preocupava mais com minha má reputação. Eu pedalava, pedalava. Logo, estava me aventurando para fora de La Pointe. Descobri as costas baixas e as vazantes do Vieux-Bourg, de Morne-à-l'Eau, parcialmente cobertas pela água do mar, o mangue cheio de aves marinhas vestidas de branco. Eu disparava para outro lado, na direção de Bas-du-Fort. Puro encantamento! Eu nunca tinha admirado as altas falésias calcárias cortadas de lapiás litorâneos e de areia cor de ouro. Na verdade, praia eu só conhecia a de Viard, com sua areia vulcânica, enlutada como as unhas de um pé mal lavado. Três ou quatro vezes durante as férias de verão, nós passávamos o dia lá, minha mãe ridiculamente vestida com um conjunto feito à mão por Jeanne Repentir, sua costureira, meu pai usando ceroulas, mas mostrando impudicamente os pelos brancos do peito. Uma empregada contratada em Petit-Bourg para a temporada esquentava o colombo em um fogo aceso entre quatro pedras e fazíamos um piquenique debaixo das amendoeiras. Às vezes, um nativo rondava as paragens e observava de soslaio essa cena familiar com curiosidade. Eu ficava horas sem acreditar no que via, deitada sobre a areia, fazendo caretas sob a quentura do sol. Apesar de minha vontade, eu não mergulhava naquele grande azul. É verdade que Sandrino havia me ensinado a nadar, um pouco como os cachorros, mas eu não tinha maiô. Essa peça de roupa só apareceu bem tardiamente em meu guarda-roupa e eu era grande demais para entrar no mar de calcinha como antes. Depois de Bas-du-fort, eu me atrevi e pedalei até Gosier. Eu já tinha ouvido falar de Virginia Woolf e seu *Ao farol*. Já que não inventava mais histórias, eu compensava lendo vorazmente tudo o que caía em minhas mãos. Assim, encarei a ilhota solta no mar pertinho da costa. Transfigurei-a em objeto literário, interseção entre sonho e desejo. Uma vez, com dificuldades, fui até Sainte-Anne, naquela época uma comuna tranquila que desconhecia o turismo. Fiquei ali à beira-mar. Sentados no chão com as pernas cruzadas, ao meu lado, sem se preocupar com minha aparência pouco comum, os pescadores contavam piadas arrumando seus fios de pesca. As vendedoras ofereciam aos clientes crioulos *tanche* e *grand'gueule*, peixes da região. Crianças negras como piche entravam no mar despidas. Tomei sol, a boca aberta, só reabri meus olhos no sereno. Em volta de mim, a praia estava deserta, a maré alta.

Como de costume, eu procurava voltar para La Pointe antes do anoitecer. Era a primeira vez que eu deixava a escuridão cair sobre mim de forma traiçoeira. Fiquei com medo. Medo da estrada cheia de curvas. Medo do formato das casas, de repente metamorfoseadas em diabas, árvores ameaçadoras, blocos de nuvens com as bordas recortadas. Então, parti como uma louca, meus joelhos encostando no queixo, apertados contra o guidão. E, sem que eu percebesse por quê, a velocidade subiu a minha cabeça. Ela me deixou livre, senti toda a liberdade que logo iria usufruir. Dali a um ano, eu iria embora de Guadalupe, eu que nunca tinha me separado de meus pais por mais de duas semanas. Essa perspectiva me agitava e me aterrorizava. O que eu iria estudar? Eu não sentia nenhuma vocação. Meus professores me sugeriam um curso preparatório para as Grandes Écoles,[2] ou seja, eu passaria um ano no Lycée Fénelon. Isso queria dizer trocar uma prisão por outra. Mesmo assim, eu entrevia, para além do cárcere que me preparavam, portas pelas quais poderia escapar. Quando, sem fôlego, cheguei à Rue Alexandre-Isaac, minha mãe me espreitava da sala. Ela começou a praguejar. O que deu em mim para correr como uma louca sob o sol? Será que eu já não era feia e negra o suficiente? Eu parecia vinda do Congo. Se eu estava à procura de um homem, era perda de tempo.

Passei por ela sem olhá-la e subi para me trancar em meu quarto. Ela continuava espumando. De repente, ofegante, ela se calou e foi a sua vez de subir as escadas com uma dificuldade imensa, pois ela estava mais e mais entrevada com aquela artrose que herdei. Eu a ouvi esbarrar nos móveis, encontrar seu lugar na cama que estalava como uma canoa que entra no mar. Sob as cores enganosas da piedade, todo o amor que eu sentia por ela refluiu, encheu meu coração e quase me sufocou. Entrei sem bater em seu quarto, o que era proibido. Sentada no meio da cama, ela estava com as costas

---

2 Estabelecimentos de ensino superior ao qual os estudantes têm acesso após passarem por concurso. A formação é considerada de alto nível, o que confere a seus alunos grande prestígio. (N.T.)

apoiadas em uma pilha de travesseiros, pois reclamava de falta de ar à noite. Seu livro de orações estava aberto diante dela. Ela havia tirado a peruca e seu crânio estava exposto em alguns lugares. Estava velha e sozinha. Meu pai se encontrava em Sarcelles desde o começo da semana. Sozinha e velha. Subi na sua cama como nos tempos em que era pequena, quando nada podia me impedir, nem as mais severas proibições. Apertei-a em meus braços, forte, forte e a enchi de beijos. De repente, como diante de um sinal, começamos a chorar. Por quê? Por causa do bem-amado Sandrino, que morria longe. Por causa do fim da minha infância. O fim de um tipo de vida. De um tipo de felicidade.

Eu deslizei a mão por entre seus seios que tinham amamentado oito filhos, agora inúteis, murchos, e ali passei toda a noite, ela grudada em mim, eu enrolada como uma bolinha contra seu flanco, sentindo seu cheiro de idosa e de arnica, sentindo seu calor.

É desse abraço apertado que quero guardar a lembrança.

A PROF
E MAR

SSORA
UERITE

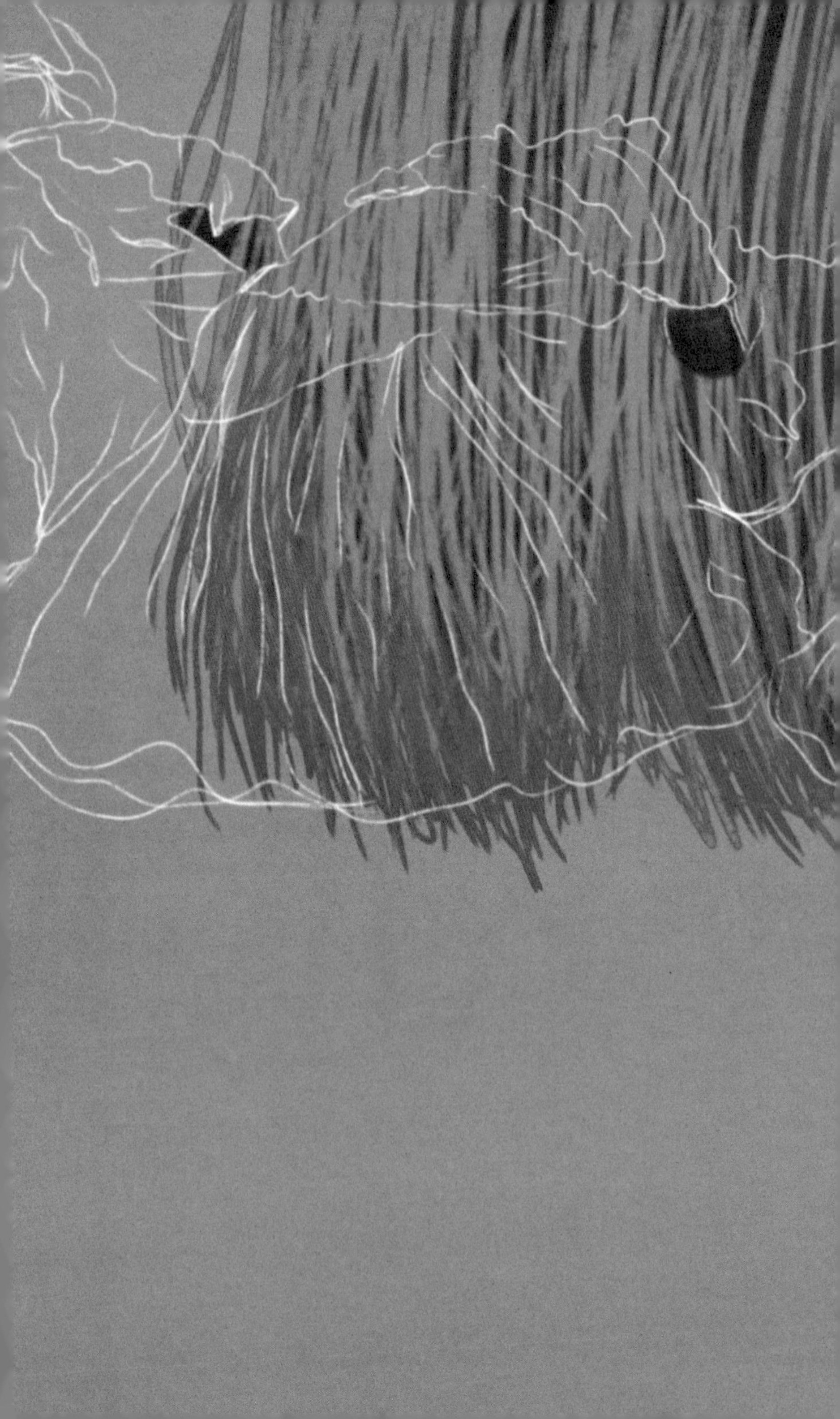

NO MEIO dos anos 1950, um 4 de setembro já envolto nas cores do outono, voltei a Paris. Sem entusiasmo. Sem desgosto também. Com indiferença. Uma velha conhecida.

Foi só eu colocar o pé no convés do *Alexandria*, um navio responsável pelo transporte de bananas que fazia a travessia em dez dias, e comecei a não ser mais o que era. Éramos doze passageiros, meninos e meninas indo estudar na França. Eu era a mais jovem, com meus dezesseis anos, e todos me tratavam como criança prodígio. A atmosfera era fúnebre. Nem flertes, nem danças, nem piadas, o tédio trabalhava a nossa alma. Em outras palavras, não havia nenhuma distração a bordo. Matávamos as horas da manhã lendo, largados nas poltronas, diante do mar. Depois do almoço, cada um se fechava em sua cabine para sestas intermináveis até a hora do jantar. Em seguida, aglutinados na área de defumação, jogávamos baralho com desânimo. Eu nunca teria imaginado como minha mãe me faria falta. Eu me dei conta de que ela era, como diz o poema de Auden: "minha manhã, minha tarde, meu sereno, minha quaresma, meu inverno". Longe dela eu não tinha mais fome. Eu despertava de sonos febris esperando me encontrar apertada contra seu peito. Todo dia eu lhe escrevia páginas e páginas, suplicando-lhe que me perdoasse a má conduta dos últimos anos e repetindo o quanto a amava. Na chegada a Dieppe, enviei dez cartas de uma só vez. Ela levou um tempo para me responder. E aí, enviou-me, desde então, apenas curtos bilhetes sem alma que terminavam invariavelmente com a fórmula vazia: "Sua mãe que pensa em você".

Ainda hoje procuro me consolar. Essa surpreendente indiferença era provavelmente de natureza patológica. Devia ser o primeiro sinal da misteriosa doença que, uma manhã, a pregou na cama e levou-a alguns dias mais tarde enquanto dormia.

Em Paris, eu morava na Rue Lhomond, a dois passos da Rue Mouffetard, no coração da velha Paris. Thérèse, que tinha se tornado minha correspondente, encontrou para mim um quarto em um lugar respeitável, frequentado por moças da boa burguesia antilhana, sobretudo martinicana. Cercada de mulatas loiras ou morenas, cacheadas ou alisadas, de pele dourada com os olhos multicoloridos, verdes, cinza ou azuis, eu era a única a ter pele negra e cabelos crespos. Das duas outras guadalupenses, uma, Danièle, era tão branca que poderia enganar um olhar desatento; a outra, Jocelyne, balançava em seus ombros uma cabeleira de princesa hindu. Isso não me incomodava nem um pouco. Como eu me achava a garota mais feia do mundo, não me comparava a ninguém. No entanto, eu estava cindida por uma incongruência. Apesar de minha cor me associar aos *petits-nègres*, cortadores de cana, *ammareuses*, pescadores, vendedoras, trabalhadores no cais, e sei lá mais o quê, eu estava mais afastada deles que as donzelas de pele clara que se encontravam ao meu redor. Pelo menos elas falavam constantemente crioulo, alardeando seus risos e, sem vergonha, balançavam seus quadris ao ritmo das *biguines*. Parecia até que seus pais não lhes haviam ensinado boas maneiras. Parecia que eles não compartilhavam o desprezo dos meus pelas tradições locais. Como isso era possível? Sandrino estava morto, eu não tinha mais ninguém para me guiar. Perdida no labirinto de minhas reflexões, eu hasteava uma aparência pouco graciosa e fechada. Não dava bom-dia nem boa-noite a ninguém. Assim que acabava de jantar, eu me fechava em meu quarto forrado de reproduções de Picasso em companhia do *Hino à alegria* ou dos *Concertos de Brandenburg*. Rapidamente, no entanto, acabei por me ligar a Jocelyne, ela também incomum. Nascida e criada em Dakar, onde seu pai era magistrado, ela conhecia pouco seu país de origem. Ela comentava os hábitos e costumes divertindo-se e não se privava de zombar deles. Ela havia batizado nossas compatriotas da vizinhança de "as belas mocinhas" e jurava que elas encaravam a Sorbonne como uma feira para encontrar maridos. Ela acreditava ser intelectualmente superior a todo mundo, exceto eu, o que me lisonjeava. Juntas, nós idolatrávamos Gérard Philipe e, nos finais de semana, não perdíamos uma representação do TNP.[1] Também partilhávamos a paixão pelo cinema. Eu invejava sua beleza, sua segurança, sua maneira de morder a piteira quando se sentava no terraço dos cafés onde eu só me arriscava com ela, o fato de intimidar os garotos, o fogo de seus olhos lambuzados de rímel. Não mais do que em La Pointe, minha vida não deixava lugar para o imprevisto. Eu nunca pegava ônibus. Eu andava a passos largos pelo Quartier Latin, da Rue Lhomond até o Lycée Fénelon. Assim que as aulas terminavam, com um corneto de castanhas quentes na mão, eu me sentava em um banco do Jardin du Luxembourg e a lembrança de minha mãe enchia meus olhos de lágrimas. Quando a noite chegava, eu pegava o caminho de casa a tempo de comer o jantar barulhento em um refeitório lotado de risadas e gritos. Como um zumbi, tomava minha sopa.

No colégio, eu descobri o rigor de um programa de curso preparatório. Como eu não abria um livro, como eu não me aproximava nunca de Sainte-Geneviève, eu era praticamente a última em tudo. Em sala, bocejando sobre as ingratas versões greco-latinas, ou obrigada a meditar sobre as insônias de Marcel Proust, eu ouvia o coração da vida que pulsava, pulsava longe dessa estufa de tédio.

---

1 Théâtre National Populaire. (N.T.)

O mundo existia ao redor dali. Ele vibrava. Mas como achar o caminho que levava a ele? As professoras concordaram em não atrapalhar a minha preguiça: a atitude delas significava que essa pequena guadalupense não pertencia àquele lugar, não era uma candidata às Grandes Écoles. Apenas, a sra. Épée, professora de francês, se distinguia. Era uma loira platinada, um pouco roliça, estrangulada dentro de um casaco de pele e que, assim que pôs os olhos em mim, implicou comigo. Minha apatia, minha indiferença a exasperavam. Ela devia estar se perguntando sobre a melhor maneira de me torturar quando, no final do mês de outubro, uma nova aluna chegou. Ela se chamava Marguerite Diop e era filha de um alto funcionário do Senegal. Tão baixinha quanto eu era alta. Um rosto redondo e os olhos cheios de malícia. Tão miúda que os pulôveres que vestia, um sobre o outro, sem se preocupar com elegância, para se proteger do frio, não a engordavam. Sorridente. Sempre pronta a deleitar o pátio do recreio com uma história africana. A partilhar uma guloseima, presente de uma de suas inúmeras tias. Era uma excelente aluna, estudiosa, animada. Em poucas palavras: o oposto de mim. A sra. Épée identificou nossa diferença e a explorou contra mim. A partir de então, as aulas de francês tornaram-se um zoológico no qual um guarda exibia as feras cativas. Arenas onde o domador as forçava a fazer façanhas. Villon, du Bellay, Chateaubriand, Lamartine, toda a literatura francesa tornou-se pretexto para a matança. Às vezes, os bronzes do Benim eram convocados para ajudar ou os afrescos do Império Monomotapa. A sra. Épée atribuiu-me um papel. Imutável. Evidentemente, eu encarnava a degradação da África transportada para o Novo Mundo. Uma vez tendo atravessado os oceanos, os valores tão belamente encarnados por Marguerite se degradaram. A alegria, o humor desapareciam. A inteligência e a sensibilidade se apagavam. A graça levantava voo. Só sobrava uma mente pesada, agressividade e melancolia. A sra. Épée não se constrangia em nos interrogar uma após a outra, em nos destinar o mesmo seminário e, tendo a classe como testemunha, comentar nossas performances. Sem saber, talvez ela se unisse à longa linhagem de missionários e de administradores coloniais que ridicularizaram, aviltaram "o africano destribalizado", o "*trousered nigger*", sem querer reconhecer que Marguerite, formada em um pensionato católico de Dakar, admitida em um dos melhores colégios de Paris, não era mais "pura" do que eu. É preciso dizer que, com a exceção de três ou quatro meninas sem consciência do crime cometido diante delas, as alunas não apreciavam esses jogos circenses. Com indisciplina, insolência, desenhos na lousa, fatos raros no Fénélon, elas manifestavam sua aversão pela sra. Épée. Em oposição, elas me manifestavam uma solidariedade ativa. Eu vivia submersa por convites para almoçar, para passar o final de semana na casa de campo de suas famílias. Eu aceitava. No entanto, de volta ao meu canto, eu tinha cada vez mais consciência de que tinha feito o papel da negra talentosa. Não, eu não saía da plantação de cana. Sim, meus pais eram notáveis. Sim, eu sempre tinha falado francês em casa. Minhas colegas queriam que eu me revoltasse, que eu respondesse aos ataques de minha agressora. Elas não entendiam que, sem minha mãe e meu irmão mais velho, eu não tinha mais força.

Constantemente colocadas em oposição uma à outra, Marguerite e eu não deveríamos nos suportar. Não era o que acontecia. A sra. Épée aproximou nossas personalidades diferentes. Sentada no Jardin de Luxembourg, tremendo sob suas roupas de lã, Marguerite rejeitava categoricamente meus argumentos. Eu me enganava: a sra. Épée não queria mal só a mim. Ela era uma racista que nos odiava, tanto uma quanto a outra. Dividir para reinar, o programa colonial é conhecido. Suas afirmações sobre as virtudes da África eram hipocrisia. Tão insultantes quanto suas elucubrações sobre a depreciação das Antilhas. De repente, Marguerite interrompia-se no meio de uma explicação erudita e me mostrava, passando apressado no Boulevard Saint-Michel, seu "primo" Cheikh Hamidou Kane, jovem e brilhante economista, seu "primo" Cheikh Anta Diop, que terminava um livro admirável no qual dizia toda a verdade sobre os egípcios, e minha solidão se aquecia diante da ideia de que todos os negros eram parentes. Ela me convidava com frequência para ir à casa de uma de suas tias, esposa de um parlamentar do Senegal. Doze cômodos na Avenue Marceau, abarrotado de crianças barulhentas, de visitas, de verdadeiros parentes, de parasitas e de mulheres com golas altas montadas em seus saltos agulha. A toda hora do dia e da noite, comíamos lá arroz com peixe em uma louça de grande valor, lascada pelas mãos descuidadas das empregadas. Camille, um de seus "primos", apaixonou-se por mim até a adoração. Ele era lacônico, extremamente inteligente, um futuro executivo do Banco Mundial. "Em 25 anos", previa ele, "nossos países serão independentes." Ele se enganou, aconteceu antes de cinco anos. Era bom ser, finalmente, desejada, ser beijada na boca, até mesmo acariciada. No entanto, eu não estava pronta para a África. No final do segundo trimestre, Marguerite desapareceu. Circularam rumores que logo se tornaram certeza. Ela tinha voltado para o Senegal. Para se casar. Ficamos sabendo até que ela estava grávida e que havia escondido a barriga durante todo o inverno. De repente, a sra. Épée me esqueceu para perseguir sua antiga preferida. Aula após aula, ela fez o lamentável papel das mulheres de sua raça, amorfas e privadas de ambição intelectual. Em alguns anos, ela estaria gorda, um palito de dente no canto da boca, arrastando as sandálias.

Eu, sentada no banco dos maus alunos, tinha voltado a sonhar acordada. Imaginava Marguerite representada como a senegalesa de uma gravura antiga de que eu gostava. Em um jardim onde cresciam flores arrogantes e bárbaras, ela estava deitada em um divã, as costas repousando sobre almofadas multicores. Sua cabeça estava enrolada em um enorme lenço azul. Seus pés calçados com botinhas de lã. Ela abria seu corpete de tafetá e oferecia o seio inchado de leite ao seu bebê. Sua opulência desabrochada desafiava as críticas severas da sra. Épée. Ao mesmo tempo, eu esperava uma carta, um bilhete, um sinal qualquer, para fortalecer minha representação de sua felicidade. Ela nunca me escreveu.

OLNE
A VID
VERDA

OU
DE
DE

NO FINAL do ano, fui expulsa do curso preparatório. Eu não esperava outra coisa. Minha mãe não fez nenhum comentário. Meu pai me enviou uma carta, modelar do gênero, na qual me comunicava que eu era uma vergonha para o nome da família. Foi nessa época, acho, que comecei a ganhar uma reputação em minha família que terminei por aceitar como verdadeira: apesar de toda a minha inteligência, eu não daria em nada.

Em novembro, cheguei à Sorbonne como um prisioneiro toca a terra para onde fugiu. Eu grudava, anônima e radiante, em seus anfiteatros superlotados. Com um pontapé, abandonei as letras clássicas. Chega de latim, grego, francês antigo, francês médio. Optei pelos estudos de língua inglesa. Era no mínimo menos empoeirado. Além do mais, eu tinha descoberto grandes poetas: Keats, Byron, Shelley. Eu me embriagava com suas poesias:

> *What is a vision, or a waking dream?*
> *Fled is that music. — Do I wake or sleep?*[1]
> Keats, *Ode a um rouxinol*

---

1 "Foi só uma visão ou um sonho acordado?/ A música se foi - durmo ou estou desperto?". *Vialinguagem*. Trad. de Augusto de Campos. São Paulo: Companhia das Letras, 1987, p. 142-149. (N.T.)

Eu também estava apaixonada por suas histórias de vida cruéis, compreendia que somente o sofrimento conferia o verdadeiro preço à criatividade. Graças a minha nova liberdade, encontrei antigas colegas de La Pointe, minha "irmã de leite". Minhas colegas do curso preparatório, agora repetentes, não tinham me abandonado. Françoise, que se vangloriava de ser vermelha como seu pai, professor da Sorbonne, tinha aprendido com ele a dissertar sobre anticolonialismo. No meu aniversário, ela me deu um exemplar do livro *Cahier d'un retour au pays natal.*[2] A poesia de Césaire não me chacoalhou como a prosa transparente de Zobel havia feito alguns anos antes. Em uma primeira leitura, decretei que ela não sustentava a comparação com aquela de meus ídolos ingleses. No entanto, o entusiasmo de Françoise, que declamava passagens no terraço do Mahieu, acabou por tornar-se contagioso. Pouco a pouco, abri minhas portas e me deixei levar por seu tumulto de imagens. Eu acompanhava Françoise à Rue Danton, na sala das Sociétés Savantes.[3] Lá, comunistas franceses e africanos debatiam uma nova lei elaborada por Gaston Defferre, a lei-quadro. Esses discursos áridos me entediavam. Eu não prestava atenção nem mesmo a um dos oradores, um sindicalista vindo da Guiné: Sékou Touré.

Menos de dois meses mais tarde, no entanto, eu tinha voltado ao ponto de partida. Meu entusiasmo havia secado e queimado como grama de um defumador. A literatura inglesa não contava só com Shakespeare e meu trio de gênios rebeldes. *A saga dos Forsyte*, os romances de Jane Austen me pesavam ainda mais do que Tácito e Platão. Além do mais, também tinha o inglês antigo, o inglês médio. Enviei às favas a Sorbonne. Não me recordo muito bem com o que ocupava meus dias: lembro-me de que passava muito tempo no Mahieu e nas livrarias. De certa forma, apesar de

---

2 CÉSAIRE, Aimé. *Cahier d'un retour au pays natal/Diário de um retorno ao país natal*. São Paulo: Edusp, 2021. (N.T.)

3 Sociedades Científicas. (N.T.)

dourada, minha vida não era alegre. Longe disso. Eu vivia em um deserto afetivo. Muitos anos me separavam de minhas irmãs Émilia e Thérèse. Os corações delas só tinham por mim sentimentos mornos. Aos seus olhos, eu era a caçulinha mimada demais por nossos pais já mais velhos e que, se Deus quiser, a vida ia ocupar-se em endireitá-la. Como um ritual, sábado, eu almoçava na casa de Émilia. Para evitar muita conversa, enquanto eu comia, ela se fechava em seu quarto, sentada ao piano. Ela era uma maravilhosa instrumentista que me deixava com lágrimas nos olhos. Eu sabia que ela havia sonhado em ser concertista. Em vez disso, meu pai a tinha guiado para os estudos de farmácia que ela nunca terminou. Como um ritual, antes do beijo de despedida, ela me entregava cédulas que poderiam sustentar uma família de tamanho médio. Toda vez, eu tinha a impressão de que era a sua maneira de me pedir perdão por sua indiferença. Eu passava um final de semana a cada quatro na linda casinha extravagante de Thérèse, à sombra da basílica de Saint-Dennis. Quando não brigávamos, não tínhamos nada de nada para conversar: ela só pensava em sua filhinha e em seu marido e, afinal, eu sempre a irritei. Ela me achava narcisista e indecisa. Ela me achava arrogante enquanto no íntimo eu tremia de medo. Eu não tinha namorados. O garoto que começou a mostrar algum interesse por mim, Jocelyne levou com mãos de mestre, com sua soberba de costume. Esse fracasso não ajudou a aumentar minha autoconfiança.

Logo compreendi rápido que a solidão era melhor do que a má companhia. Com a minha solidão, eu ia a todas as exposições de Léonnor Fini ou de Bernard Buffet. Ficávamos na fila para assistir aos filmes de Louis Malle. Sem se sentir intimidada, ela entrava comigo nos maiores restaurantes e esperava pacientemente enquanto eu devorava pratos de ostras diante do olhar de outros clientes boquiabertos. Ela estava ao meu lado quando eu comparava os folhetos nas agências de viagem e decidia comprar esta ou aquela passagem de trem. Com ela, fui para a Inglaterra, Espanha,

Portugal, Itália, Alemanha. Em sua companhia quebrei uma perna em uma pista de esqui na Austrália e fui socorrida de helicóptero. Comemoramos meu aniversário de dezessete anos no hospital Hôtel-Dieu. Internada por algo que acreditei ser uma banal crise de apendicite, fui operada de um tumor no ovário. Os médicos consternados me informaram que eu não morri por pouco e que minhas chances de ser mãe tinham diminuído muito. Eu, que pus quatro filhos no mundo, chorei a cântaros minha futura esterilidade. Até meu corpo me abandonava. No entanto, aquele mês no hospital foi também um encantamento. Minha vizinha de leito, a sra. Lucette, era uma vendedora ambulante de frutas e legumes na Rue Rambuteau. Eu a escutava fascinada como uma criança que acabou de aprender a ler e vira as páginas de seu livro. A vida era tudo isso? A sra. Lucette me apresentava, orgulhosa, a todas as suas visitas, e quando se extasiavam ao ouvir o meu francês, eu não ficava ofendida. Eu discursava com afetação para agradá-las. Eu lhes mostrava fotos de minha família e todas valorizavam a beleza de minha mãe. Mas assim que saí do hospital, minha amizade com a sra. Lucette não resistiu a um almoço no casebre que ela ocupava no fundo de um pátio em um bairro no centro da cidade. O ensopado estava sublime, mas eu era a filha de meus pais. Na primavera, Jérôme, um colega de Guadalupe que, ao contrário de mim, fazia de forma dedicada seu curso de história, me pediu para organizar com ele o grupo Luís Carlos Prestes. Quem foi Luís Carlos Prestes? Um mártir? Um político? Um nacionalista cultural? Hoje em dia, não me lembro de jeito nenhum. Nós organizávamos, fervorosamente, tardes literárias, colóquios, conferências, e comecei a tomar gosto por essas atividades que tanto ocuparam minha vida. Eu mesma fiz uma conferência sobre a cultura guadalupense. Não me lembro como foi recebida. É simplesmente a prova de que na época eu não tinha medo de falar sobre assuntos que eu ignorava. O grupo Luís Carlos Prestes prosperou. Fui convidada para falar, escrever em jornais. Recebi um prêmio por uma novela publicada na revista dos Estudantes Antilhanos Católicos. Isso quer dizer que, apesar de continuar a não realizar nenhum trabalho universitário, eu ganhava prestígio intelectual entre os estudantes. Naquele ano, fui reprovada em meus exames e meu pai, furioso, recusou-se a me levar para Guadalupe para passar as férias. Essa decisão, dentro de uma certa lógica, teve uma consequência terrível.

Eu nunca mais veria minha mãe viva.

Uma tarde do grupo foi consagrada a um debate sobre o Haiti, onde um tal dr. François Duvalier[4] era o favorito na corrida eleitoral à presidência. O que eu sabia do Haiti se limitava aos balés de Katherine Dunham, que eu tinha admirado alguns anos antes sentada no Théatre de l'Empire entre meu pai e minha mãe. Eu ignorava o que criticavam em François, tirando seu rosto um pouco simiesco. Diante de seus opositores, pequeno-burgueses mulatos em sua maioria, a cor de sua pele o tornava mais simpático para mim. Minha educação tinha sido "*noiriste*"[5] sem saber.

Durante toda a sua existência, o grupo Luís Carlos Prestes não teve nenhuma sessão tão tumultuada quanto a daquela noite. Os defensores de Duvalier e os anti-Duvalier, os estudantes negros e os estudantes mulatos, só faltaram se bater. Jérôme e eu não conseguimos acalmar uma batalha da qual não compreendíamos muita coisa. Testemunhando tal paixão, experimentei um sentimento de inveja. Ah, ter nascido em um país de verdade, um país independente e não em um pedaço de terra departamental. Lutar por um poder nacional! Ter um palácio presidencial com um presidente vestindo roupas agaloadas! De um dia para o outro, eu me liguei estreitamente a dois estudantes haitianos de ciências políticas, Jacques e Adrien, que — verdade ou mentira? — se declararam apaixonadíssimos por mim. Muito cultos, eles sabiam tudo sobre seu

---

4 François Duvalier, apelidado de "Papa Doc", governou ditatorialmente o Haiti de 1957 a 1971. (N.T.)

5 O "noirisme" emergiu em resposta à ocupação americana do Haiti entre 1898 e 1902. O movimento visava promover as massas negras contra a "elite dos mulatos". (N.T.)

país: história, religião, economia, tensões político-raciais, literatura, pintura naïve. Trabalhadores, dois ratos de biblioteca, eles me fizeram sentir vergonha de minha inatividade. Eu tinha uma queda por Jacques com seu queixo proeminente furado por uma covinha e seus olhos nebulosos. "Você vê", ele suspirava, "a vida é um telefone haitiano. Você telefona para Jacmel. Mas atende alguém em Le Cap. Você nunca tem o que deseja." Ele me aconselhou a fazer letras modernas, que, segundo ele, me conviria às mil maravilhas. Foi ele quem, suavemente, me levou ao anfiteatro Richelieu, onde Marie-Jeanne Durry sonhava. Mas Jacques e Adrien eram, sobretudo, as sombras de Sandrino, dois irmãos mais velhos reencontrados. Eu não conseguia me decidir. Além disso, eles eram, um e outro, bons meninos demais, bem-educados, transmitiam segurança com seus casacos de frio idênticos. Enquanto uma parte de mim, confusa, já veemente, esperava o insólito, o desconhecido, o perigo, a verdadeira vida, ora! eu imaginava a vida que levaríamos em Pétionville ou em Kenscoff: um longo rio de tédio tranquilo. Eu estava longe de prever as tragédias que iriam se abater sobre os haitianos, que Jacques seria obrigado a exilar-se no Canadá, que Adrien e toda a sua família seriam as primeiras vítimas dos *tontons macoutes*.[6]

Uma noite, segui meus inseparáveis amigos à casa de um de seus compatriotas que morava na Rue Monsieur-le-Prince. A discussão girava sobre o mundo rural e nós escutávamos com uma atenção religiosa Olnel, um mulato, engenheiro agrônomo, que descrevia o desespero dos camponeses do vale de Artibonite. Em certo momento, ele se interrompeu para me cumprimentar sobre

---

6 Milícia de Voluntários da Segurança Nacional, força paramilitar haitiana que existiu entre 1959 e 1986, durante os governos de François Duvalier e de seu filho e sucessor, Jean-Claude Duvalier. (N.T.)

um artigo que eu tinha escrito sobre *Compère Général Soleil.*[7] Se Deus em pessoa, do alto do céu, tivesse aberto as cortinas de nuvens para me dirigir a palavra, eu não poderia ter ficado mais exaltada. O fato de um homem tão bonito, tão impressionante, ter reparado em alguém tão lastimável quanto eu superava minhas esperanças. Quando decidimos ir jantar, para meu êxtase, tropecei na escada. Então, adiantando-se a Jacques e Adrien, ele me segurou com sua mão firme.

O anjo da guarda para quem, durante anos, minha mãe tinha me forçado a implorar não exerceu seu ofício. Depois de tantas rezas, dezenas de rosários, novenas, de um sinal quase imperceptível, ele deveria ter me avisado, avisado de tudo o que Olnel havia reservado para mim. Ele ficou quieto.

Nós nos unimos no Boulevard Saint-Michel, listado de luzes. Olhos arregalados, o rebanho de carros circulava mugindo em direção ao Sena. Aquela noite, sem que eu percebesse, minha solidão se despregou de mim e me deu adeus. Ela havia me acompanhado fielmente durante mais de dois anos. Eu não precisava mais dela. Eu acabava de encontrá-la, a vida de verdade, com seu cortejo de lutos, fracassos, sofrimentos indizíveis e felicidades um tanto tardias. Ela ficou de pé no canto da Rue Cujas fazendo um breve aceno com as mãos. Mas eu, ingrata, nem olhei para ela enquanto avançava falsamente deslumbrada em direção ao futuro.

---

7 Romance do escritor haitiano Jacques Stéphen Alexis (1922-61), publicado em 1955 pela Gallimard. (N.T.)

OBRAS DE
MARY
COND

ŞE

Mort d'Oluwéni d'Ajumako. Paris: Éditions L'Harmattan, 1978.
La civilisation du bossale. Paris: Éditions L'Harmattan, 1978.
La Parole des femmes. Paris: Éditions L'Harmattan, 1979.
Une saison à Rihata. Paris: Éditions Robert Laffont, 1981.
Ségou: Les Murailles de terre, T. 1. Paris: Éditions Robert Laffont, 1984.
La terre en miettes, T. 2. Paris: Éditions Robert Laffont, 1985.
Moi, Tituba, Sorcière. Paris: Mercure de France, 1986.
Eu, Tituba: Bruxa negra de Salem. Rio de Janeiro: Rosa dos Tempos, 2019.
La vie scélérate. Paris: Éditions Seghers, 1987.
En attendant le bonheur. Paris: Éditions Seghers, 1988.
Pension les Alizées. Paris: Éditions Mercure de France, 1988.
Traversée de la mangrove. Paris: Éditions Mercure de France, 1988.
Hugo le terrible, Paris: Sépia, 1991.
Les derniers rois mages. Paris: Éditions Mercure de France, 1992.
La colonie du nouveau monde. Paris: Éditions Robert Laffont, 1993.
La migration des coeurs. Paris: Éditions Robert Laffont, 1995.
Corações migrantes. São Paulo: Rocco, 2002.
Pays mêlé. Paris: Éditions Robert Laffont, 1997.

Desirada. Paris: Éditions Robert Laffont, 1997.

Haïti chérie. Bayard Éditions, 1998.

Le coeur à rire et à pleurer. Paris: Éditions Robert Laffont, 1999.

O coração que chora e que ri: contos verdadeiros da minha infância. Rio de Janeiro: Bazar do Tempo, 2022.

Célanire cou-coupé. Paris: Éditions Robert Laffont, 2000.

La belle Créole. Paris: Éditions Mercure de France, 2001.

Histoire de la femme cannibale. Paris: Éditions Mercure de France, 2001.

La planète Orbis. Guadalupe: Éditions Jasor, 2002.

Rêves amers, Bayard, 2005.

Nouvelles d'Amérique. Paris: L'Hexagone, 2005.

Victoire, les saveurs et les mots. Paris: Éditions Mercure de France, 2006.

À la courbe du Joliba. Paris: Éditions Grasset, 2006.

Comme deux frères. Manage: Lansman Editeur, 2007.

Chiens fous dans la brousse. Bayard Jeunesse, 2008.

Les belles ténébreuses. Paris: Éditions Mercure de France, 2008.

La faute à la vie. Manage: Lansman Editeur, 2009.

Savannah blues. Paris: Sépia, 2009.

Conte cruel. Bureau: Mémoire dencrier, 2009.

En attendant la montée des eaux. Paris: JC Lattès, 2010.

La vie sans fards. Paris: JC Lattès, 2012.

An tan révolisyon: elle court, elle court la liberté. Paris: Editions de l'Amandier, 2015.

Mets et merveilles. Paris: JC Lattès, 2015.

Le Fabuleux et Triste Destin d'Ivan et d'Ivana. Paris: JC Lattès, 2017.

Évangile Du Nouveau Monde. Lausanne: Buchet-Chastel, 2021.

O evangelho do novo mundo. Rio de Janeiro: Rosa dos Tempos, 2022.

POSF

ÁCIO

Se eu conto assim, assim aconteceu e assim será: escrevivência, memória e (re)existência em Maryse Condé

> Aquela noite, sem que eu percebesse, minha solidão se despregou de mim e me deu adeus. [...] Eu não precisava mais dela. Eu acabava de encontrá-la, a vida de verdade, com seu cortejo de lutos, fracassos, sofrimentos indizíveis e felicidades um tanto tardias.
>
> *O coração que chora e que ri*, Maryse Condé

O coração que chora e que ri: contos verdadeiros da minha infância é um livro que Maryse Condé dedica à sua mãe.

Nascida Maryse Boucolon em Pointe-à-Pitre, Guadalupe, em 11 de fevereiro de 1937, Maryse é a caçula de oito irmãos; quando da sua gestação, seu pai estava com 63 anos e sua mãe acabara de completar 43. A gravidez, aliás, foi sinal de surpresa para a matriarca, que a princípio "imaginou que seriam os primeiros sinais da menopausa". Não eram: era um novo corpo sendo gestado e provocando vergonha em quem o carregava – durante os primeiros meses, "eu tentava esconder minha barriga", dizia sua mãe. O livro foi, então, escrito para essa mãe.

A família de Maryse era abastada e, por isso, ela estava acostumada a passar longos períodos na terra dos colonizadores. Para seus pais, "a França não era de forma alguma sede do poder colonial. Era na verdade a mãe pátria e Paris, a Cidade Luz que sozinha dava brilho à existência deles". Após concluir o ensino secundário, Maryse Condé foi enviada ao Lycée Fénelon, ingressando em seguida na Sorbonne Nouvelle, em Paris, onde obteve o doutorado em literatura comparada.

Em 1959, Maryse casou-se com Mamadou Condé, um ator guineano, e com ele teve quatro filhos. Após se graduar, foi professora em Guiné, Gana e no Senegal. Em 1982, divorciou-se de Condé e, em 1983, casou-se novamente, com Richard Philcox, tradutor da maioria de suas obras para a língua inglesa. Em 1985, Condé obteve uma bolsa Fulbright para lecionar nos Estados Unidos, como professora na Universidade de Columbia, em Nova York. Em 2018, Condé venceu o The New Academy Prize (prêmio alternativo ao Nobel, suspenso naquele ano devido a um escândalo sexual na instituição).

O coração que chora e que ri: contos verdadeiros da minha infância fala, também, e principalmente, da relação da autora com sua mãe. E isso faz toda a diferença no curso do livro. Aqui, vemos escrevivência em forma crua, (quase) sem filtros – quase, uma vez que não é possível ter acesso ao que de-verdade-aconteceu. Assim como Scholastique Mukasonga reconstrói Ruanda e desenvolve quase um manual sobre a sua terra natal ao homenagear a mãe, corajosa e obstinada Stefania, em *A mulher dos pés descalços*, Maryse nos narra desde seu nascimento até a idade adulta por meio da construção da mãe, Jeanne. Se a palavra em Mukasonga é mortalha que preserva o corpo que "ninguém pode ver [de uma mãe]", em Condé, ela desnuda e revela possibilidades outras – imaginadas-rememoradas – desse corpo que, fisicamente, se foi tão cedo. Se em Mukasonga o riso dá lugar às lágrimas, em Condé, o coração primeiro chora, mas depois sorri quando consegue elaborar o luto. É sobre escrevivência, luto, maternidade e possibilidades pela palavra que eu gostaria de falar neste texto.

Em *Eu, Tituba, bruxa negra de Salem*, lançado no Brasil em 2020, Maryse Condé mesclou elementos autobiográficos à história de sua conterrânea escravizada, valendo-se de informações da própria Tituba –"Tituba e eu vivemos uma estreita intimidade durante um ano. Foi no correr de nossas intermináveis conversas que ela me disse essas coisas que ainda não havia confiado a ninguém, escreve na epígrafe do livro –, ofertando, assim, a ela um final de sua "escolha". Já em *O coração que chora e que ri*, acompanhamos a vida da autora por meio de "contos verdadeiros" da sua "infância", que são reminiscências e descrições para lá de sinceras acerca da personalidade dos pais ("papai e mamãe são dois alienados", "eu teria dado tudo para ser filha de pessoas comuns, anônima", "no fundo, meus pais sentiam-se superiores"); da mãe ("minha mãe esperava demais de mim. Eu era sempre requisitada a me mostrar a melhor em tudo. Por causa disso, vivia com medo de decepcioná-la. Tinha pavor de ouvir o julgamento irrevogável que, com frequência, fazia sobre mim: – Você nunca fará nada de bom na sua vida!") – seja para provocar a mãe, seja por outros motivos, que bom que não foi isso que ocorreu; e de si própria ("eu [era uma] menina excessivamente mimada, com a mente precoce para a idade", "eu só estava bem quando inventava universos com minha imaginação"). A experiência com um poema – honestíssimo – sobre sua mãe e uma redação – também honestíssima – sobre a melhor amiga mostrou que "não se deve dizer a verdade. Nunca. Jamais. Àqueles que amamos. Devemos pintá-los com as cores mais brilhantes. Deixar que admirem a si mesmos. Fazê-los crer que são aquilo que não são". Mas, se não é para falar a verdade, se Maryse mentia o tempo todo quando criança, como esse pode ser um poderoso exemplo de escrevivência? Vejamos.

De acordo com Conceição Evaristo:

> Escrevivência, em sua concepção inicial, se realiza como um ato de escrita das mulheres negras,

> como uma ação que pretende borrar, desfazer uma imagem do passado, em que o corpo-voz de mulheres negras escravizadas tinha sua potência de emissão também sob o controle dos escravocratas, homens, mulheres e até crianças. E se ontem nem a voz pertencia às mulheres escravizadas, hoje a letra, a escrita, nos pertencem também. Pertencem, pois nos apropriamos desses signos gráficos, do valor da escrita, sem esquecer a pujança da oralidade de nossas e de nossos ancestrais. Potência de voz, de criação, de engenhosidade que a casa-grande soube escravizar para o deleite de seus filhos. E se a voz de nossas ancestrais tinha rumos e funções demarcadas pela casa-grande, a nossa escrita não. Por isso, afirmo: "a nossa escrevivência não é para adormecer os da casa-grande, e sim acordá-los de seus sonos injustos".[1]

Escreviver, entretanto, é mais que isso. É interrogar, é se inserir em um mundo que não reconhece nossa existência, nossa humanidade. A escrevivente, ao escrever em primeira pessoa, "amplia [seu gesto] e, sem sair de si, colhe vidas, histórias do entorno. E por isso é uma escrita que não se esgota em si, mas aprofunda, amplia, abarca a história de uma coletividade. Não se restringe, pois, a uma escrita de si, a uma pintura de si".[2]

A ideia mesma de escrevivência – coletiva, política – traz consigo uma cosmologia ancestral: é pensar e entender o mundo através das lentes da encruzilhada, da África. É derrubar a colonialidade do ser e do saber. Mas, é também, algo além da escrita de si ou da autobiografia. Novamente, é preciso invocar Conceição Evaristo:

---

1 C. Evaristo, "A escrevivência e seus subtextos", in DUARTE, C. L.; NUNES, I. R., *Escrevivência: a escrita de nós: reflexões sobre a obra de Conceição Evaristo*, p. 30.

2 Ibidem, p. 35.

Afirmo que a Escrevivência não é uma escrita narcísica, pois não é uma escrita de si, que se limita a uma história de um eu sozinho, que se perde na solidão de Narciso. A Escrevivência é uma escrita que não se contempla nas águas de Narciso, pois o espelho de Narciso não reflete o nosso rosto. E nem ouvimos o eco de nossa fala, pois Narciso é surdo às nossas vozes. O nosso espelho é o de Oxum e de Iemanjá. Nos apropriamos dos abebés das narrativas míticas africanas para construirmos os nossos aparatos teóricos para uma compreensão mais profunda de nossos textos. Sim, porque ali, quando lançamos nossos olhares para os espelhos que Oxum e Iemanjá nos oferecem, é que alcançamos os sentidos de nossas escritas. No abebé de Oxum, nos descobrimos belas, e contemplamos a nossa própria potência. Encontramos o nosso rosto individual, a nossa subjetividade que as culturas colonizadoras tentaram mutilar, mas ainda conseguimos tocar o nosso próprio rosto. E quando recuperamos a nossa individualidade pelo abebé de Oxum, outro nos é oferecido, o de Iemanjá, para que possamos ver as outras imagens para além de nosso rosto individual. Certeza ganhamos que não somos pessoas sozinhas. Vimos rostos próximos e distantes que são os nossos. O abebé de Iemanjá nos revela a nossa potência coletiva, nos conscientiza de que somos capazes de escrever a nossa história de muitas vozes. E que a nossa imagem, o nosso corpo, é potência para acolhimento de nossos outros corpos.[3]

---

3 Ibidem, p. 38-9.

Na escrevivência, o selo da verdade é dado pela construção mesma que a memória faz. Ao ficcionalizar a realidade, a escrevivente – Conceição Evaristo, Maryse Condé, Maria Carolina – elabora novas narrativas-lembranças e dá conta de atribuir significados (outros) à experiência vivida. E é exatamente isso que Maryse Condé faz em *O coração que chora e que ri*: por meio da narrativa ficcionaliza a mãe real para significá-la e, assim, (re)significar a si própria. Condé ficou órfã de mãe quando era muito nova – ainda que, segundo a autora, elas tenham uma relação próxima e conversem sempre –, ela precisa se valer da narrativa, da fabulação, da palavra para construir lembranças dessa relação.

Saidiya Hartman afirma que a grande herança da escravidão é tornar a todos nós – seres formados pela e na diáspora – órfãos. "A escravidão transformou a mãe em um mito, baniu o nome do pai e exilou irmãos em um canto distante da terra."[4] Nada além de "sangue, merda e sujeira" perdurou[5] e ainda que não seja possível "recuperar as vidas das pessoas escravizadas ou redimir os mortos",[6] as narrativas podem preencher lacunas históricas, honrar antepassados, nos fazer atribuir outros sentidos ao presente. Podemos fabular memórias, lembranças, experiências.

Creio que esse seja um dos grandes méritos dos textos de Maryse Condé. Se em *Tituba* a fabulação deu origem a uma narrativa que escrevive e intersecciona (ao menos) duas vidas – a da bruxa escravizada e a da autora que preenche com afeto as lacunas da história da primeira –, em *O coração que chora e que ri*, a escrevivência explícita constrói memórias e possibilita que Maryse Condé também se signifique narrativamente. Que honra a nossa acompanhar isso.

---

4 S. Hartman, *Perder a mãe: uma jornada pela rota atlântica da escravidão*, p. 131.

5 Ibidem, p. 151.

6 Ibidem, p. 28.

Maria Carolina Casati é professora, escritora e doutoranda da EACH-USP, no Programa de Pós-Graduação em Mudança Social e Participação Política. É idealizadora do @encruzilinhas, um projeto de leitura e debate de textos sobre negritude, gênero, feminismos e militância.

Referências

CONDÉ, Maryse. *O coração que chora e que ri: contos verdadeiros da minha infância*. Rio de Janeiro: Bazar do Tempo, 2022.

EVARISTO, Conceição. "A escrevivência e seus subtextos", in DUARTE, C. L.; NUNES, I. R. *Escrevivência: a escrita de nós: reflexões sobre a obra de Conceição Evaristo*. Rio de Janeiro: Mina de Comunicação e Arte, 2020.

HARTMAN, Saidiya. *Perder a mãe: uma jornada pela rota atlântica da escravidão*. Rio de Janeiro: Bazar do Tempo, 2021.

MUKASONGA, Scholastique. *A mulher dos pés descalços*. São Paulo: Nós, 2017.

Este livro foi editado pela Bazar do Tempo na cidade de São Sebastião do Rio de Janeiro e impresso em papel pólen soft 80g/m² pela gráfica Margraf, em novembro de 2022. Foram usadas as fontes Tiempos Text, de Kris Sowersby e Basquiat, de Javier Guaschetti.